Julia Wöllenstein

VON
KARTOFFELN
UND KANAKEN

Julia Wöllenstein

VON KARTOFFELN UND KANAKEN

Warum Integration im
Klassenzimmer scheitert
Eine Lehrerin stellt klare Forderungen

mvgverlag

Bibliografische Information der Deutschen Nationalbibliothek
Die Deutsche Nationalbibliothek verzeichnet diese Publikation in der Deutschen Nationalbibliografie. Detaillierte bibliografische Daten sind im Internet über http://d-nb.de abrufbar.

Für Fragen und Anregungen:
info@mvg-verlag.de

Originalausgabe
1. Auflage 2019
© 2019 by mvg Verlag, ein Imprint der Münchner Verlagsgruppe GmbH
Nymphenburger Straße 86
D-80636 München
Tel.: 089 651285-0
Fax: 089 652096

Redaktion: Nadine Lipp
Umschlaggestaltung: Manuela Amode
Umschlagabbildung: shutterstock.com/Guillermo del Olmo
Satz: Daniel Förster, Belgern
Druck: CPI books GmbH, Leck
Printed in Germany

ISBN Print 978-3-7474-0055-5
ISBN E-Book (PDF) 978-3-96121-381-8
ISBN E-Book (EPUB, Mobi) 978-3-96121-382-5

Weitere Informationen zum Verlag finden Sie unter

www.mvg-verlag.de

Beachten Sie auch unsere weiteren Verlage unter www.m-vg.de

*Für meine Kinder, die mich gelehrt haben,
frei und mutig durchs Leben zu gehen.*

*Für meinen Vater, der mich gelehrt hat, im christlichen
Glauben Halt und Orientierung zu finden, der
mir aber auch gezeigt hat, dass meine Religion
die Freiheit anderer nicht einschränken darf.*

*Für meine Kollegen, die mit Herzblut, pädagogischem
Geschick und ganz viel Humor jeden Tag ihr Bestes geben
und unsere Schule zu einem besonderen Ort machen.*

*Und für meine Schüler, denen ich von ganzem Herzen
ein selbstbestimmtes und freies Leben wünsche.*

Anmerkung: Aus Gründen der Lesbarkeit spreche ich in der Regel von Schülern und Lehrern, dennoch beziehen sich die Angaben auf Angehörige aller Geschlechter.

INHALT

EINLEITUNG: EINE KLARE HALTUNG KOMMUNIZIEREN

*»Das sagen Sie nur, weil Sie Rassist
sind, Frau Wöllenstein.«*

Im Sommer 1991, im Alter von 16 Jahren, verbrachte ich meine Sommerferien gemeinsam mit einer Freundin in Belgien. Eines Abends lernten wir dort zwei einheimische Jungen kennen und nutzten die Gelegenheit, unser spärliches Schulenglisch zu testen. Zu viert plauderten wir nett, bis einer von ihnen zu mir sagte: »Your grandfather killed my grandfather.«

Ich lachte irritiert, da ich nicht so recht wusste, worauf der Junge hinauswollte, aber er legte nach. »The Second World War, don't you know?«

Ich war peinlich berührt und beendete das Gespräch sofort. Nicht etwa, weil ich vom Zweiten Weltkrieg keine Ahnung gehabt hätte, im Gegenteil. Ich hatte viel über die Zeit gelesen, hatte Filme gesehen und das Thema selbstverständlich in der Schule durchgenommen. Aber aus der Perspektive »Dein Großvater hat meinen Großvater umgebracht« hatte ich den Krieg noch nie betrachtet.

Mich beschäftigte dieses Gespräch noch lange und mit der Zeit wurde mir klar, dass dieses geschichtliche Erbe mein Handeln in bestimmten Bereichen beeinflusste, ohne dass es mir bewusst gewesen wäre.

All mein Wissen über »unsere« Vergangenheit und »unsere« kollektive Schuld, die »wir« uns aufgeladen hatten, führte dazu, dass ich jeder mir fremden Kultur bedingungslos offen gegenüberstand. Ich forderte mir unentwegt eine Toleranz ab, die kein Nachfragen zuließ. Unsere Geschichte prägte mein Verhalten gegenüber Menschen nichtdeutscher Herkunft in einem Maße, das mir erst langsam deutlich wurde.

In Begegnungen hielt ich mich automatisch zurück, wenn es darum ging, etwas über »die deutsche Kultur« zu erzählen. Was ist schon wirklich »typisch deutsch«, dachte ich meistens. Umgekehrt interessierte es mich allerdings brennend, was andere über »die Deutschen« und das Land, in dem ich lebte, dachten und welche Bilder der Gedanke an Deutschland in ihren Köpfen entstehen ließ. Ich erfreute mich an Klischees über dirndl- und lederhosentragende Deutsche, die pausenlos Bier tranken und Weißwurst, Brezeln und Kartoffeln essen.

Wenn das die typischen Deutschen waren, die man im Ausland zu kennen glaubte, dann hatte ich nichts zu befürchten, immerhin hatte ich noch nie in meinem Leben ein Dirndl getragen. Ich hatte aber auch kein Problem mit diesen Stereotypen. Solche Vorurteile als dumm oder gar ignorant zu bezeichnen, wäre mir nie in den Sinn gekommen, schließlich stand es mir als Deutsche nicht zu, andere zu kritisieren. Stattdessen legte ich immer größtmöglichen Wert darauf, nicht als typisch deutsch zu gelten und betonte bei jeder sich bietenden Gelegenheit, dass ich tatsächlich völlig undeutsch sei. Für mich schwang bei dem Begriff »deutsch« auch immer das Wort »Nazi« mit. Und wer wollte schon ein Nazi sein? Ich jedenfalls wollte mit Nazis absolut nichts gemein haben und das hat sich bis heute nicht geändert.

Gleichwohl habe ich aber inzwischen erkannt, dass ich mich manchmal »typisch deutsch« verhalte und dass ich keinesfalls der einzige Mensch auf Erden bin, der es geschafft hat, sich völlig unabhängig von seinem kulturellen Umfeld zu entwickeln. Ich bin in Deutschland geboren und aufgewachsen. Und auch wenn ich viel gereist bin, lebe ich in Deutschland. Welches andere Land, welche andere Kultur hätte mich also prägen sollen?

Für mich war es immer völlig selbstverständlich, dass Frauen und Männer gleichberechtigt sind. Bei Diskussionen mit Freunden, in beruflichen Zusammenhängen oder gar bei öffentlichen Diskussionen hatte ich niemals Angst, meine Meinung zu sagen, egal zu welchem Thema. In meinem Kopf gab es keine Hierarchien, die mich davon abgehalten hätten zu sagen, was ich denke, außer vielleicht gegenüber der Polizei oder den Fahrscheinkontrolleuren.

Niemals habe ich mich gefragt, ob es mir überhaupt gestattet ist, mein Leben so zu leben, wie ich es möchte. Ich habe zweimal studiert, eine Weiterbildung gemacht und acht Jahre lang als Kinder- und Jugendbetreuerin gearbeitet. Nun bin ich seit sechs Jahren Lehrerin an einer

Gesamtschule, habe einen Lehrauftrag an der Universität und schreibe gelegentlich Artikel für pädagogische Fachzeitschriften. Ich arbeite, verdiene mein eigenes Geld und ziehe meine drei Kinder alleine groß, so, wie ich es für richtig halte. Und es löst bei mir bis heute Befremden aus, wenn es auf Plastikflaschen kein Pfand gibt.

So lebt man in Deutschland eben bzw. ich lebte so als Kind der 70er in einer Familie mit aufgeklärten und emanzipierten Eltern. Früher habe ich das nie hinterfragt und als selbstverständlich angesehen. Nichts davon habe ich als kulturelle oder gesellschaftliche Errungenschaft erachtet, die ich verteidigen oder zumindest verbalisieren müsste. Obwohl es genau das ist – eine kulturelle Errungenschaft, die in Deutschland Frauen auch erst seit ca. 100 Jahren zusteht. Also das selbstbestimmte Leben. Nicht die Pfandflaschen. Aber die sind auch nicht ausschlaggebend für unser demokratisches Wertegerüst, die Gleichberechtigung von Mann und Frau aber schon.

Inzwischen bringt es meine Arbeit als Lehrerin jedoch mit sich, dass ich mich hier klar positionieren muss, denn immer öfter arbeite ich mit Schülern, deren Eltern aus anderen Kulturkreisen nach Deutschland gezogen sind. Manche dieser Schüler sind bereits hier geboren, andere sind erst relativ frisch hier angekommen. Im Umgang mit ihnen erlebe ich nun fast täglich Situationen, in denen ich buchstäblich sprachlos bin. Etwa wenn mir ein Schüler wieder einmal vorwirft, ich würde ihm eine schlechte Note geben, weil ich Rassistin sei. Manchmal sagen sie auch mit einem Augenzwinkern: »Das sagen Sie jetzt nur, weil ich schwarz bin, Frau Wöllenstein.« Ich erkläre dann, wie es zu der Benotung oder Aussage kam, aber eine leichte Verunsicherung bleibt, obwohl ich ganz genau weiß, dass Schüler mit derlei Provokationen spielen. Sie sind in der Pubertät und sowas machen Pubertierende nun mal.

Es gibt jedoch auch Situationen, da habe ich eine klare Haltung und keine Möglichkeiten sie durchzusetzen. Wenn etwa Schülerinnen von der Schule genommen werden, weil sie auf Wunsch der Eltern heiraten sollen oder wenn Mädchen nicht auf Klassenfahrt mitkommen dürfen, ihre Brüder aber schon, oder wenn ich merke, dass sie bei einer schlechten Note Angst haben, zu Hause geschlagen zu werden. Dann bin ich mir sicher, dass es solche Einschränkungen und unterschiedlichen Behandlungen von Jungen und Mädchen in unserem Land nicht geben darf, und ich versuche, das zu kommunizieren. Zu Beginn meiner Laufbahn als Lehrerin habe ich nicht damit gerechnet, dass solche Gespräche einmal zu meinem Berufsalltag gehören würden und an der Universität wurden wir auch nicht darauf vorbereitet.

Ich musste bis dahin meine Einstellung zu Emanzipation und demokratischen Werten nicht offen kommunizieren oder verteidigen. Meine Haltung war für mich immer selbstverständlich, zudem auch meine Privatsache, die ich niemandem als den einzig wahren Weg aufdrücken wollte. Denn mein geschichtliches Erbe wies mich an, die Lebensweisen meiner Mitmenschen, also auch die der mir anvertrauten Schüler, weder zu hinterfragen noch zu bewerten.

Durch den Lehreralltag habe ich aber schnell gemerkt, dass ich Worte finden muss, mit denen ich mich ganz klar positioniere. Ich muss eine Haltung finden, die das, was ich als normales Leben empfinde, als eine Art Wertegerüst offen kommuniziert.

Das Leben, das ich persönlich führe, mag nicht jedermanns Sache sein, aber der Grundsatz, dass jeder Mensch so leben darf, wie er es möchte, solange er damit niemand anderem schadet, den muss ich formulieren können und meinen Schülern gleichzeitig deutlich machen, dass mich diese Haltung eben nicht zu einer Rassistin macht oder in die Nähe von Nazis rückt.

Wenn ich meine freiheitliche und demokratische Grundhaltung nicht nach außen kommuniziere und meinen Schülern als lebenspraktisches Modell zur Diskussion stelle, werde ich der Aufgabe nicht gerecht, die Schüler auf ein Leben in Deutschland vorzubereiten. Denn das gehört auch zum Lehrerberuf. Lehrer sind in erster Linie dem Grundgesetz verpflichtet und nicht falsch verstandener Toleranz.

So einfach ist das. Und so schwierig, denn in erster Linie bin ich Lehrerin geworden, um Schülern Englisch oder Darstellendes Spiel beizubringen. Anfangs sogar noch, um mit Schülern über den evangelischen Glauben zu philosophieren, doch alles auf einer fachlichen Ebene. Mich als Person mit meinem Werdegang und meiner persönlichen Haltung in die tägliche Arbeit einzubringen und dennoch professionelle Distanz zu wahren, wirkt manchmal wie ein unmöglicher Spagat.

In letzter Zeit wird mir allerdings eines klar: Mich diesem oft anstrengenden Prozess nicht zu unterwerfen, weil ich auf diese Art der persönlichen Auseinandersetzung keine Lust habe oder mich damit herausrede, mir stünde es aufgrund der deutschen Vergangenheit nicht zu, jemandem Grenzen aufzuzeigen, bedeutet nichts anderes, als keinen Respekt vor meinen Schülern zu haben. Denn sie haben es verdient, dass ich ihnen ein demokratisches und emanzipiertes Vorbild bin, das sich mit ihrer Lebenswelt auseinandersetzt. Jemand, der ihre Fragen beantwortet und ihre Unsicherheiten mit ihnen diskutiert, damit sie lernen, eigenständig zu denken und Dinge zu hinterfragen. Sonst bekommen sie womöglich nie die Chance, den Platz in der Mitte unserer Gesellschaft zu finden, der ihnen zusteht. Ohne eine klare Haltung gegenüber meiner Kultur, meinen Werten und auch meinem Verständnis von Religion und Glauben nehme ich ihnen die Möglichkeit, sich in diesem Land zu integrieren.

Und das ist mein erklärtes Ziel, denn, das möchte ich gleich zu Anfang klarstellen, diese Kinder haben es verdient, dass wir ihnen den bestmöglichen Start in ein selbstbestimmtes Leben geben, der ihnen alle Freiheiten und Möglichkeiten eines demokratischen Landes zur Verfügung stellt und sie ehrlich teilhaben lässt. Viele kommen aus Elternhäusern, die oftmals wenig Unterstützung und Rückhalt bieten, nicht etwa, weil die Eltern ihre Kinder nicht lieben, sondern weil sie aus unterschiedlichen Gründen überfordert sind oder nicht verstehen, inwieweit Bildungskarrieren in Deutschland von der Unterstützung des Elternhauses abhängen. Viele sind erst seit Kurzem in Deutschland und haben Armut, Krieg oder Flucht erlebt, Erfahrungen, die ihnen das Lernen erschweren. Daher brauchen sie von uns Lehrerinnen, als professionellen Begleitern von Lernprozessen, die volle Aufmerksamkeit und Unterstützung. Und sie brauchen politische und gesellschaftliche Strukturen, die ihnen faire Chancen bieten. Denn eines haben sie alle gemeinsam: Sie sind Kinder. Und wir sind die Erwachsenen. Sie müssen sich darauf verlassen können, dass wir unser Bestes geben, um ihnen eine erfolgreiche Zukunft zu ermöglichen.

VON KULTUR UND STREITKULTUR

*»Wenn ich etwas falsch mache,
müssen Sie mich schlagen.«*

Zum Beruf des Lehrers gehört es dazu, die Konflikte, die Schüler untereinander haben, zu erkennen, sie zu schlichten und die Schüler dabei zu unterstützen, eine konstruktive Streitkultur zu erlernen. Mögliche Konflikte unter Schülern decken die ganze Bandbreite von kleineren Rangeleien bis hin zu Mobbing ab. Das gab es schon immer und wird es immer geben, denn Streitigkeiten gehören zum Leben dazu und Schüler müssen lernen auszuhalten, dass man nicht immer einer Meinung ist. Kinder wurden schon immer und aus unterschiedlichsten Gründen zur Zielscheibe anderer Kinder.

Zu meiner Schulzeit hieß das noch »fertigmachen« oder »hänseln«, heute nennt man es »Mobbing«. Früher ging es um verbale Attacken oder auch körperliche Auseinandersetzungen. Inzwischen haben Schüler durch das Internet mehr Möglichkeiten, sich gegenseitig fertigzumachen. Cybermobbing hat eine andere Reichweite und Geschwindigkeit als das »normale« Mobbing. Viel wichtiger ist aber, dass sich die Themen verändert haben.

Die Konflikte, die ich seit einigen Jahren erlebe, waren mir bis dahin unbekannt. Die üblichen Streitereien gibt es natürlich immer noch, aber es geht vermehrt um Auseinandersetzungen zu den Themen Land, Kultur und Ehre. Streitende Schüler, die sich äußerst aggressiv und teilweise körperlich angehen, weil sie kulturelle Differenzen haben. Einer der Jungen trägt zum Beispiel einen Armreif, mit dem er seine Sympathie für den türkischen Staatspräsidenten Erdogan bekundet, was einen anderen dazu veranlasst, ihn anzupöbeln und Menschenrechtsverletzungen in der Türkei aufzuzählen. Das sind für den Jungen mit Armreif natürlich Lügen und er kann nur mühsam davon abgehalten werden, den anderen Jungen zu schlagen. Ein anderes Mal fängt ein Mädchen an zu weinen, weil sie von ihren Mitschülern geärgert wird, dass sie kein eigenes Land habe. Sie ist Kurdin und versteht nicht, warum es das Land Kurdistan nicht gibt, obwohl sie doch Kurdin ist.

Mich erschreckt auch die grundsätzliche Haltung zu Gewalt, die inzwischen viele meiner Schüler als probates Mittel zur Konfliktlösung sehen. Und nicht nur das. Manche fordern es sogar von uns Lehrern ein, uns ebenso zu verhalten, wie der Grundschüler einer Kollegin, der sie, während eines Gesprächs über sein Fehlverhalten, völlig verzweifelt ansah und sagte: »Sie müssen mich schlagen, wenn ich etwas falsch mache.« Da schwang kein bisschen Ironie mit. Er forderte lediglich das Signal für »Jetzt reicht's. Das, was du hier machst, ist nicht richtig« ein, das er kennt und das er versteht.

Dass viele meiner Schüler Gewalterfahrungen haben, zeigte sich deutlich im Ethikunterricht, als wir das Thema Gewalt bearbeiteten. Ich fragte die Schüler, ob sie zu einer anonymen Umfrage bereit wären. Es gab zwei Fragen, man sollte ja oder nein ankreuzen. Die Fragen lauteten: »Warst du schon einmal Opfer körperlicher Gewalt?« und »Hast du schon einmal körperliche Gewalt angewendet?« Die Schüler lasen die Fragen und einer fragte sofort: »Was für Gewalt? Zählen auch Geschwister? Also wenn man Geschwister schlägt?« Ich fragte zurück, warum er überhaupt diese Frage stellte, denn Gewalt sei doch nun einmal Gewalt, egal ob man seine Geschwister schlägt oder ob man von seinen Eltern geschlagen wird. Ich betonte, dass es nicht um Rangeleien um die Fernbedienung ginge, sondern, wenn man jemanden schlägt, damit er gehorcht. Also etwa seine jüngere Schwester, damit sie nicht mehr an die Süßigkeiten geht.

Ein Junge erzählte dann, dass seine zehnjährige Schwester so nerven könne, dass er sie nach kurzer Vorwarnung schlage, damit sie aufhöre. Er sagte, dass sie sonst einfach weiter Stress machen würde und dass es in so einem Fall doch angebracht sei zuzuschlagen, man hätte es ja vorher angedroht und sie hätte ja auch aufhören können.

Ich wandte ein, ob es dann auch in Ordnung wäre, wenn sein vier Jahre älterer Bruder ihn schlüge? Die Antwort war: »Natürlich. Wenn ich etwas falsch mache, habe ich das doch auch verdient.«

Wahrscheinlich muss gar nicht mehr erwähnt werden, dass ausnahmslos alle Schüler beide Fragen mit »Ja« beantwortet haben. Ich habe die Unterrichtseinheit nach den aufgeschlossenen und ehrlich geführten Diskussionen mit der Lektüre der Artikel 2 und 3 aus dem Grundgesetz in einfacher Sprache abgeschlossen.[1] Ich betonte, dass es keinerlei Rechtfertigung für Gewalt gibt und in Deutschland jeder so leben darf, wie er das möchte, solange er damit keinen anderen verletzt oder einschränkt. Im Falle von kleinen Geschwistern, die an Süßigkeiten gehen, könnte man sich ja vielleicht Hilfe von den Eltern holen. Meine Schüler schauten mich verständnislos an und sagten: »Aber die machen doch dann auch nichts anderes.«

Und da stoße ich dann an meine Grenzen, denn wie schaffe ich es, mit den Eltern derartige Themen zu besprechen. Wie begegne ich dem Vater, der die Schläge des Sohnes gegen seine 14-jährige Schwester damit erklärt, dass der Sohn »anstößige« Fotos auf dem Handy der Schwester gefunden hätte. Man muss dazusagen, dass die Schläge in diesem Fall so heftig waren, dass die Polizei gerufen und das Mädchen einige Tage aus der Familie genommen wurde. Wir sprechen also nicht mehr von den üblichen Rangeleien unter Geschwistern, die ich natürlich von mir und meiner großen Schwester und auch von meinen eigenen Kindern nur zu gut kenne.

Wie spreche ich mit Eltern über neue Konfliktlösungsstrategien in ihren Familien? Ich bin Lehrerin und keine Therapeutin oder Erziehungsberaterin. Das sprengt den Rahmen bei Weitem. Letztlich erklärte mir die Arbeit mit den Schülern aber an dieser Stelle, warum so viele von ihnen nicht lange diskutieren oder sich Hilfe holen. Das sind für sie einfach keine adäquaten Mittel zur Konfliktlösung. Somit werde ich mit zwei Problemen konfrontiert, zum einen mit Konfliktlösungsstrategien, die ich nicht unterstütze, und mit Themen, die mir fremd sind.

So entstehen Situationen, in denen ich als Lehrerin zwischen den Schülern vermitteln und Streit schlichten soll, obwohl ich selbst nie davon sprechen würde, »ein Land zu haben« oder ein Angela-Merkel-Armband tragen würde. Noch viel weniger hätte ich mich im Alter von 14, 15 oder 16 Jahren wegen solcher Dinge geprügelt oder zu weinen begonnen. Für mich wäre es völlig absurd gewesen, einen Mitschüler anzupöbeln, weil seine Eltern vielleicht die SPD wählen statt der CDU oder andersherum.

Jetzt bin ich aber mit genau diesen Situationen konfrontiert, ohne einen eigenen Erfahrungsschatz zu haben. Ganz im Gegenteil. Mein persönlicher Werdegang ist diametral, also genau gegensätzlich. Land, Kultur und Ehre sind Themen, die ich persönlich immer bewusst oder auch unbewusst ausgeklammert habe und die ich niemals mit Fäusten verteidigen würde, weil das in meinem Land früher einmal passiert ist – eine Konfliktaustragung, die historisch zu einem unermesslichen Grauen geführt hat und die darin resultiert, dass wir heute eine besondere Verantwortung tragen.

Und doch muss ich solche Themen mit den Schülern besprechen und versuchen, ihre Ansichten zu verstehen, denn Lehrer müssen das Vorwissen und die Vorstellungen ihrer Schüler evaluieren, um sie da abzuholen, wo sie aktuell stehen. Ich muss die Schüler immer wieder damit konfrontieren, dass sie Meinungsverschiedenheiten aushalten, weil sie in einem Land leben, in dem Meinungsfreiheit herrscht.

Doch wie kann das gehen? Und welche kulturellen Familienstrukturen unserer Schüler müssen wir als Lehrer verstehen, damit wir wissen, welche Diskrepanz zwischen ihrem Elternhaus und der Gesellschaft sie oftmals aushalten und begreifen müssen? Auf diese Fragen möchte ich im weiteren Verlauf des Buches näher eingehen, denn nur, wenn wir sowohl die kulturelle Herkunft unserer Schüler im Blick haben als auch unsere eigene Kultur mit ihren Werten und Umgangsformen leben und kommunizieren, geben wir den Schülern ein Gerüst, an dem sie wachsen können. Vorher soll es allerdings darum gehen, welche Faktoren ursächlich dafür sind, dass wir an manchen Schulen in Deutschland als Lehrerinnen und Lehrer im Idealfall gleichzeitig noch Sozialarbeiter, Therapeutinnen und Religionsexpertinnen sind und an anderen nicht.

AUSFLUG INS DEUTSCHE SCHULSYSTEM

»Aber wie? Welche Schule jetzt gut?«

Das deutsche Schulsystem ist ziemlich komplex. Viele Leserinnen und Leser werden sich vermutlich damit bestens auskennen, aber es halten vielleicht auch einige Interessierte das Buch in der Hand, denen es nicht so geht. Die folgende kleine Einführung soll deutlich machen, warum Lehrkräfte oft Elterngespräche führen, bei denen unser Gegenüber denkt, wir seien ein bisschen verrückt. Eltern, die mit dem dreigeteilten Schulsystem in der Sekundarstufe I überfordert sind, fragen uns dann: »Welche Schule jetzt gut?«

Das Schulsystem in Deutschland ist vierstufig, das heißt, es unterteilt sich in den Grundschulbereich, den Sekundarbereich I, der bis zum Haupt- oder Realschulabschluss führt, den Sekundarbereich II, an dessen Ende man das Abitur oder Fachabitur erreicht, den Tertiärbereich, in dem Hochschulen, Universitäten und Berufsakademien angesiedelt sind, und in einen vierten Bereich für Weiterbildungen. Der Bereich, der für die Schüler, um die es in diesem Buch geht, maßgeblich ist, ist der Sekundarbereich I. Dieser gliedert sich in vier Schulzweige, den

Haupt-, den Real- und den Gymnasialzweig. Zudem gibt es Förderschulen bzw. Förderschüler, die inzwischen in der Regel in den Gesamtschulen inklusiv beschult werden, um den berufsorientierten Schulabschluss zu erwerben.

Die Hauptschule ging in den 60er-Jahren aus der sogenannten »Volksschule« hervor. Sie sollte durch einen starken Praxis- und Handlungsbezug den Großteil der deutschen Schüler auf eine grundlegende Berufsreife vorbereiten. Insofern war der Besuch einer Hauptschule in ihren Anfängen völlig normal für Schüler, die eine Ausbildung anstrebten, denn Deutschland setzt im Bereich der schulischen Bildung auf die erwähnte Dreiteilung, die im Gymnasialzweig auf ein Studium vorbereitet. Die Schüler werden nach der vierten Klasse (in Berlin nach der sechsten Klasse) in drei unterschiedliche Leistungsniveaus aufgeteilt, Haupt, Real- und Gymnasialzweig. Manche Bundesländer haben die Hauptschulen als reine Schulform abgeschafft und in die Gesamtschulen integriert. In den neuen Bundesländern wurde sie gar nicht erst eingeführt, aber es gibt dennoch die Möglichkeit, die Gesamtschule nach der neunten Klasse mit dem Hauptschulabschluss zu verlassen.

Es gibt unterschiedlich aufgebaute Gesamtschulen. Wenn es eine kooperative Gesamtschule ist, werden die Schüler unter einem Dach ab der fünften Klasse in die drei Schulzweige aufgeteilt und die Klassen laufen ohne Berührungspunkte nebeneinander her. Die einzige Ausnahme ist oftmals der Religionsunterricht. Da dort die Schüler in Religion oder Ethik unterrichtet werden, wird das meist schulzweigübergreifend gemacht, um im Religionsunterricht eine gewisse Lerngruppengröße zu erreichen.

Eine weitere Sonderform ist eine Gesamtschule mit integrierter Förderstufe (an einer solchen Schule unterrichte ich). Das bedeutet, dass die Schüler erst ab der siebten Klasse in die drei Schulzweige aufgeteilt werden und bis zum Ende der sechsten Klasse gemeinsam lernen.

Die integrierte Gesamtschule hingegen beschult von der fünften bis zur zehnten Klasse alle Schüler in allen Fächern im Klassenverband, mit Ausnahme der Hauptfächer Deutsch, Mathe und Englisch. Diese werden normalerweise ab der achten Klasse je nach Leistung in Grund- und Erweiterungskurse unterrichtet. Die integrierte Gesamtschule ist somit die einzige Schulform, in der Kinder bis zur neunten Klasse gemeinsam lernen, genau wie die EU-Richtlinie zur Inklusion es fordert. Unter Inklusion versteht man die gemeinsame Beschulung aller Kinder mit allen Leistungsniveaus sowie jener mit Behinderungen und Lernschwächen in einem Klassenraum. Und doch ist die integrierte Gesamtschule in Deutschland nur eine von unzähligen anderen Schulformen. Die Regel ist eine Aufteilung in Leistungsniveaus nach der vierten Klasse.

Diese kurze Einführung macht deutlich, wie komplex unser Schulsystem ist und dass es für Eltern nicht einfach zu verstehen ist. Das ist bereits für deutsche Eltern oder solche, die schon lange hier leben, schwierig. Wie es dann den Familien ergeht, die neu in Deutschland ankommen und für ein oder sogar mehrere Kinder solche Entscheidungen treffen müssen, kann ich mir kaum vorstellen.

WILLKOMMEN IN DER REALITÄT

»Ich möchte Ärztin werden.
Oder Anwältin.«

Spreche ich mit meinen Schülerinnen über ihre Zukunftspläne, erhalte ich meistens Antworten wie: »Ich möchte Ärztin werden. Oder Anwältin.« Bei Schülern höre ich oft noch den Berufswusch Polizist oder aber auch »KFZ-Mechatroniker bei VW«. Wenn das nicht klappt, wären Daimler oder Mercedes auch akzeptabel. Darunter fangen sie gar nicht erst an.

Ich bin nicht naiv. Berufswünsche von Kindern beziehen sich meistens auf angesehene und vor allen Dingen klar definierte Berufsfelder. Niemand würde im Alter von zehn Jahren sagen, dass er gerne mal Lagerlogistiker, Bäckereifachverkäuferin oder Stadtreiniger werden möchte. Und doch gab es zu meiner Schulzeit noch die Mädchen, die erzählten, dass Krankenschwester oder Friseurin ihr Traumberuf sei, und die Jungen, die gerne Lokführer werden wollten. Sage ich heute meinen Hauptschülern in der neunten Klasse, dass ich gesehen habe, dass die Verkehrsgesellschaft unserer Stadt Straßenbahnfahrer sucht, ernte ich entsetzte Blicke. So einen Beruf wolle man nicht machen. Da verdiene man doch nichts. Eigentlich müsse man doch irgendwas studieren, und deshalb wollen sie auf jeden Fall weiter zur Schule gehen.

Dass man mit einer gut abgeschlossenen Ausbildung automatisch den Realschulabschluss erreicht und das Fachabitur draufsetzen könnte, falls man wirklich merkt, dass es dazu reicht, verstehen meistens weder meine Schüler noch ihre Eltern. Sie wollen direkt im Anschluss weiter in die Schule gehen, damit sie später »richtig viel Geld haben« und gut leben können. Ganz selten ist mal eine Schülerin aus dem Realschulzweig dabei, die etwa sagt: »Ich würde gerne Krankenpflegerin werden.« Doch dann folgt gleich der Nachsatz: »Aber meine Eltern sagen, dass ich etwas studieren soll.« Das liegt oft auch daran, dass es in den arabischen Ländern ein Ausbildungssystem wie das unsere nicht gibt. Die Eltern setzen Ausbildungsberufe gleich mit Tätigkeiten, die in ihrem Kulturkreis ungelernte Arbeiter übernehmen. Wenn man ihnen also vorschlägt, dass das Kind eine Ausbildung machen könnte, hört sich das für sie an, als würde man sagen: »Die Position des Dorfdepps ist noch frei. Das könnte Ihr Kind doch machen!«

Den Schülern antworte ich meistens, dass man bei 90 Prozent der Studiengänge am Ende ohnehin nicht weiß, für welchen Beruf man denn jetzt überhaupt ausgebildet wurde, und falls man es doch weiß, verdiene man als studierte Sozialarbeiterin manchmal weniger als ein Straßenbahnfahrer. Ohnehin sei eine deutsche Ausbildung eine gute Grundlage. Das überzeugt sie in der Regel aber nicht.

Denn es kommt wohl noch etwas anderes hinzu, was meine Schüler davon abhält, Berufe wie Maurer, Klempner oder Straßenbahnfahrer in Betracht zu ziehen. Sie haben vielleicht Schwierigkeiten in Mathe, Englisch oder Physik, aber sie haben feine Antennen für gesellschaftliche Schwingungen. Oft brauchen sie diese aber gar nicht. Denn wenn meine Hauptschülerin ein Betriebspraktikum bei Douglas macht und auf ihrem Mitarbeiterbutton »Lagerhilfe« steht, während die Realschülerin einen Anstecker mit der Aufschrift »Praktikantin« hat, dann muss sie nicht besonders pfiffig sein, um zu merken, was Sache ist. In diesem Fall musste sie noch nicht einmal lesen können, denn während sie Kisten schleppte, stand die Realschülerin am Eingang und verteilte Duftproben. Oft wird man also weder als Hauptschüler respektvoll behandelt, noch sind die möglichen Ausbildungsberufe, die Hauptschüler mit ihrem Abschluss ergreifen können, angesehene Berufsfelder.

Wann fing das gesellschaftliche Umdenken an, das unterschwellig suggeriert, Hauptschüler seien lediglich für Handlangerdienste zu gebrauchen, wenn sie nicht gleich einen Hartz-IV-Antrag ausfüllen? Und vor allem: Was war zuerst da? Die Gesellschaft, die in einem regelrechten Akademisierungswahn nicht nur dafür sorgte, dass Ausbildungsberufe oft unterbezahlt oder nicht besonders angesehen sind, sondern auch den Schülern auf unterschiedlichen Kanälen zu verstehen gibt, dass nur Schüler mit Abitur etwas »wert« sind? Oder waren es die Hauptschüler, die laut Handwerkskammer nicht mehr ausbildungsreif sind und die somit dazu beigetragen haben, dass sich diese Haltung in der Gesellschaft verbreitet hat? Und wie sinnvoll sind dann noch Hauptschulen, wenn eine solche Rückmeldung von den Handwerkskammern kommt?

Man könnte, wenn man sich nicht näher mit dem Thema befasst, denken, dass es doch gut sei, wenn Kinder frühzeitig unter »ihresgleichen« kommen und nicht in einer leistungsheterogenen Lerngruppe permanent vor Augen haben, dass es Schüler gibt, denen das Lernen leichter fällt und die eine schnellere Auffassungsgabe haben. Doch das ist ein Trugschluss.

Nach dem Ausflug ins deutsche Schulsystem wissen wir, dass die integrierte Gesamtschule die einzige Schulform ist, in der Kinder bis zur neunten Klasse gemeinsam lernen, genau wie die EU-Richtlinie zur Inklusion es fordert. Die Regel ist eine Aufteilung in Leistungsniveaus nach der vierten Klasse. Ich behaupte, dass die frühe Selektion die Benachteiligung vorantreibt und damit bin ich nicht alleine, denn natürlich gibt es auch Untersuchungen darüber, in welchen Kompetenzstufen Hauptschüler in Deutsch und Englisch (DESI-Studie) oder Mathematik und Naturwissenschaften (TIMMS) in der neunten Klasse abschneiden und welche Kompetenzstufen Realschüler und Gymnasiasten erreichen. Ich möchte Sie an dieser Stelle nicht mit Zahlen langweilen, es ist jedoch erwähnenswert, dass 30 Prozent der Hauptschüler vor allem in den naturwissenschaftlichen Fächern und Deutsch unterdurchschnittlich abschneiden und somit zu einer Risikogruppe gehören, die in der Regel den Weg in den deutschen Arbeitsmarkt nicht schafft. Auffällig ist ebenfalls, dass die Gymnasiasten und Realschüler einen ungleich höheren Kompetenzzuwachs erreichen als die Hauptschüler.

Grundsätzlich vom schlechteren Abschneiden der Hauptschüler zu sprechen, würde das Gesamtbild allerdings verfälschen, da es nicht in jedem deutschen Bundesland Hauptschulen gibt. Betrachtet man die Ergebnisse genauer, lässt sich feststellen, dass es Bundesländern ohne eigenständigen Hauptschulbereich offenbar besser gelingt, »ein Abgleiten der leistungsschwächeren Schüler zu verhindern. Die Ursache dafür könnte dem Umstand geschuldet sein, dass Basisbildung in einem anregenden Milieu erfolgt, das wesentlich durch gemeinsame Lernerfahrungen mit leistungsstärkeren Schülerinnen und Schülern geprägt ist.«[2]

Dies ist eine wichtige Erkenntnis, die ich bewusst aus einem Buch aus dem Jahr 2007 zitiere, um zu zeigen, wie lange diese Tatsachen bekannt sind, ohne dass dies zu nennenswerten Umstrukturierungen geführt hätte.

Somit wäre die anfangs gestellte Frage beantwortet, ob es nicht gut ist für Schüler, in relativ leistungshomogenen Gruppen zu arbeiten, um nicht ständig unter Druck zu stehen. Es stellt sich heraus, dass unsere Schüler nicht von einer frühen Selektion profitieren, im Gegenteil. Das frühe Trennen in unterschiedliche Leistungsgruppen bedeutet für reine Hauptschulzweige und -klassen eine negative Abwärtsspirale, weil leistungsstarke Mitschüler fehlen, die das Lernniveau aufrechterhalten.

Wenn wir uns heute reine Hauptschulklassen in kooperativen Gesamtschulen ansehen, müssen wir uns zudem fragen, welche Kinder dort sitzen. Unter welchen Gesichtspunkten wurde diese Entscheidung getroffen? Sind es immer Kinder, die Lernschwierigkeiten haben und die eher praktisch begabt sind? Oder sind es vielleicht auch Kinder, die aufgrund ihrer Lebensumstände mehr Zeit bräuchten, um ein angemessenes Leistungsniveau zu erreichen, und die durch die frühe Selektion benachteiligt werden?

Heutzutage wählen die Eltern der Schüler, die eine Hauptschulklasse besuchen, diese Schulform oftmals nicht, damit ihr Kind eine Ausbildung anstrebt. Ihre Gründe dafür liegen in ganz anderen Bereichen.

Auf die Situation von Schülern, die aufgrund von Sprachbarrieren in der Hauptschulklasse landen, obwohl sie vielleicht in ihrem Heimatland ein ganz anderes Bildungsniveau erreicht hätten, werde ich später eingehen, denn sie machen nicht den größten Teil der Hauptschüler an unserer Schule aus. Da sitzen in erster Linie Kinder aus bildungsfernen Elternhäusern, die in die Fußstapfen ihrer Eltern treten, und Kinder, die unter Bedingungen aufwachsen, die ihnen das Lernen schwer machen. Wenn ich morgens in meiner sechsten Klasse frage, wer schon gefrühstückt hat, meldet sich kein einziger Schüler. Frage ich allerdings, wer seine Geschwister in den Kindergarten gebracht hat, melden sich immer ein paar Kinder. Das ist ihre Realität. Sie stehen oft alleine auf, machen sich und eventuell auch noch ihre jüngeren Geschwister fertig, bevor sie in die Schule kommen, und manchmal werden sie dann noch vom Lehrer angemeckert, weil sie wieder zehn Minuten zu spät sind.

Um ehrlich zu sein, ich meckere dann auch. Ich bin Lehrerin und muss meinen Schülern beibringen, dass in Deutschland Pünktlichkeit eine Tugend ist, auf die vor allem Arbeitgeber in der Ausbildung großen Wert legen. Deshalb mahne ich, schreibe Elternbriefe und schimpfe, obwohl ich innerlich den Hut ziehe vor vielen meiner Schüler. Ich bin überzeugt davon, dass ich mit elf Jahren einfach liegen geblieben wäre und weitergeschlafen hätte, wenn nicht die ganze Familie auf den Beinen gewesen wäre und am Esstisch ein warmer Kakao auf mich gewartet hätte. All das kennen viele meiner Schüler nicht und sie stehen trotzdem morgens auf und kommen in die Schule. Weil sie grundsätzlich lernen wollen. Ihre Bedingungen sind aber nicht optimal und gesellschaftliche und schulische Strukturen tun ihr Übriges, um diese ohnehin schon erschwerten Bildungskarrieren zusätzlich auszubremsen.

Ich erinnere mich immer wieder an einen Jungen, der kürzlich an unserer Schule den Hauptschulabschluss gemacht hat. Er war von der fünften Klasse an sehr aufgeweckt und unruhig, obwohl er in konzentrierten Phasen zu absoluten Höchstleistungen in der Lage war. Seine Eltern befanden sich in einer komplizierten Trennung und er wohnte mit seinen zwei Geschwistern bei der alkoholkranken Mutter. In einem Gespräch erzählte er mir, dass er einen Tag zuvor nach der Schule nichts essen konnte, weil er nicht in seine Wohnung reingekommen sei. Ich fragte, ob er den Schlüssel vergessen habe, und er antwortete: »Nein. Meine Mutter lag direkt hinter der Wohnungstür und war eingeschlafen. Da hab ich die Tür nicht aufbekommen.« Warum ein solches Kind in der Schule nicht oder nur gelegentlich die Leistung erbringt, zu der es eigentlich intellektuell in der Lage wäre, kann sich niemand ernsthaft fragen. Ab der achten Klasse wohnte dieser Junge dann dauerhaft bei seinem Vater und stabilisierte sich. Doch für einen Schulzweigwechsel war es zu spät, da der Anschluss an eine Realschulklasse nach drei Jahren in der Hauptschule für die meisten Schüler nicht zu leisten ist. Das wäre anders, wenn die Schüler in differenzierten Lernniveaus in einem Klassenraum unterrichtet werden würden.

Spätestens nach der ersten PISA-Studie im Jahr 2000 ist in Deutschland wissenschaftlich erwiesen, dass es einen engen Zusammenhang zwischen Bildung und sozialer Herkunft gibt und dass Kinder aus bildungsfernen Familien klar benachteiligt sind. Immer wieder wird in der Fachliteratur betont, dass der Einfluss des familiären Hintergrundes im deutschen Schulsystem nach wie vor besonders groß ist und dass er durch die Selektion in die drei Schulzweige schärfer greift als in den meisten anderen OECD-Staaten. Es wird dargelegt, dass die Aufteilung der Schüler nach der vierten Klasse vornehmlich von den Eltern entschieden wird, denn der Elternwunsch steht immer über der Empfehlung des Lehrers. Aber diese Studien zeigen auch, dass der Elternwunsch von Berufspositionen und Bildungsabschlüssen abhängt und sich nicht in erster Linie auf das tatsächliche Potenzial des Kindes bezieht. Das kulturelle und soziale Kapital der Familie bestimmt also über die Schulwahl des Kindes und somit den weiteren Verlauf der schulischen Karriere.

Kulturelles und soziales Kapital meint in diesem Zusammenhang die Anregung und Stimulation, die Kindern Lernprozesse erst ermöglichen und die in bildungsfernen Familien oft nicht oder nur begrenzt stattfinden. Hierbei geht es in erster Linie um Kommunikation und die Differenziertheit der Sprache, den Umgang mit Kunst und Kultur sowie die Kommunikation mit außerfamiliären Personen.[3] Insofern ist es klar, dass Schüler, die nicht deutscher Herkunftssprache sind oder aber auch in den ersten sechs Jahren zu Hause nicht auf Deutsch kommuniziert haben, in der Grundschule ungleich härter arbeiten müssen, um auf das gleiche Niveau zu kommen wie ein Kind, das von klein auf Deutsch spricht. Somit muss also während des Unterrichts die Unterrichtssprache erlernt werden, auch wenn in der Familie eventuell grundsätzlich eine positive und bildungsnahe Atmosphäre herrscht. Oft erleben wir allerdings, dass beides zusammenkommt, bildungsferne Familien mit Migrationshintergrund. Ich möchte hier nicht verallgemeinern, denn natürlich gibt es immer wieder leistungsstarke Kinder mit Migrationshintergrund, die ihren Weg durch das deutsche Schulsystem mit Leichtigkeit meistern und gute Schulabschlüsse erreichen. Doch die Studien belegen, dass in den Hauptschulen ein weitaus höherer Anteil von Schülern mit Migrationshintergrund zu finden ist.[4]

Einen großen Teil machen aber auch Kinder aus bildungsfernen deutschen Familien aus, denn auch ein Kind deutscher Herkunft, mit dem wenig gesprochen wird, dem nicht vorgelesen wird und das mit seinen Eltern keine Spiele spielt, nicht in Museen und Theater geht, kommt mit schlechteren Voraussetzungen in die Grundschule als ein Kind aus einer bildungsnahen Familie, in der es viele Anreize gibt und in der viel und differenziert kommuniziert wird. Das Kind aus der bildungsfernen Familie wird also mit einer höheren Wahrscheinlichkeit eine Hauptschulklasse besuchen. Diese Vermutung bestätigt unter anderem die DESI-Studie, die gezielt den Spracherwerb in Englisch und Deutsch und damit verbundene wichtige Faktoren, wie die Art und Weise, wie eine Familie kommuniziert und wie viele Bücher sie hat, untersucht.

Dass die Parameter solcher Studien Sinn ergeben und aus der Menge der vorhandenen Bücher in einer Familie tatsächlich Rückschlüsse auf ihren Bildungsgrad gezogen werden können, erleben wir als Lehrer immer wieder. Wenn wir mit Schülern an einer Studie teilnehmen, muss man ihnen zu Anfang die sogenannte »Bücherfrage« stellen. Die Schüler sollen angeben, wie viele Bücher in ihrer Familie im Regal stehen. In Hauptschulklassen muss ich meistens nur die erste Kategorie vorlesen: 0–10 Bücher im gesamten Haushalt. In der Regel melden sich dann fast alle Schüler. Beim letzten Mal lachte ein Schüler herzhaft über die Frage und rief: »Was soll man denn mit mehr als zehn Büchern?« Als ich antwortete, dass man die ja vielleicht lesen könnte, weil das Spaß macht und interessant ist, lachte die ganze Klasse. In Gymnasialklassen an unserer Schule melden sich die Schüler fast ausnahmslos in

Kategorien, die aussagen, dass in ihrer Familie mehr als zehn Bücher vorhanden sind.

Wir arbeiten also in Hauptschulklassen gebündelt mit Kindern, die sozialisations- und erziehungsbedingt im Hintertreffen liegen, im Vergleich zu den Schülern, die in Real- und Gymnasialklassen unterrichtet werden. Somit ist es nur allzu verständlich, dass Schüler aus bildungsfernen Familien, egal ob mit oder ohne Migrationshintergrund, in den vier Grundschuljahren nicht alle Defizite aufholen können, obwohl sie dazu vielleicht in der Lage gewesen wären, wenn sie gemeinsam mit leistungsstarken Kindern hätten lernen können. Das liegt vor allem daran, dass diese Schulen eine differenzierte Förderung einer so großen Anzahl an Schülern nicht leisten können.

Das wiederum ist das Resultat der Wohnungspolitik, die in den meisten Städten zu regelrechten Ghettoisierungen führt, weil sozialer Wohnungsbau geballt in bestimmten Stadtvierteln stattfindet. Somit führt die einzugsgebietsgebundene Schulzuweisung an einigen Schulen dazu, dass dort in erster Linie und zum Teil fast ausschließlich Kinder aus bildungsfernen Familien zur Schule gehen, während an anderen Schulen fast ausschließlich Kinder der bildungsnahen Mehrheitsgesellschaft unterrichtet werden.

Somit gibt es Grundschulen, in denen Lehrer mit Klassen arbeiten, in denen fast jedes Kind in der ein oder anderen Weise besondere Unterstützung bräuchte, und andere Schulen, an denen Lehrer mit Kindern aus bildungsnahen Elternhäusern auf einer ganz anderen Grundlage Wissen aufbauen können. Diese arbeiten noch dazu unter dem Druck der Eltern, die ganz genau wissen, auf welches Leistungsniveau sie ihr Kind bis zur vierten Klasse gebracht haben wollen, damit der Übergang ins Gymnasium reibungslos klappt.

Ich möchte an dieser Stelle nicht falsch verstanden werden. Ich bin nicht dafür, dass noch mehr Schüler das Abitur machen. Ich bin aber dafür, dass die Tatsache, ob ich einen Haupt- oder Realschulabschluss mache oder die Schule mit dem Abitur beende, nicht von meiner sozialen Herkunft abhängt. Grundsätzlich ist es ja ohnehin nicht von Nachteil, wenn Schüler mit einem Hauptschulabschluss die Schule beenden, zum einen, weil das deutsche System, wie anfangs bereits erwähnt, diverse Möglichkeiten bietet, auf Umwegen einen höheren Bildungsabschluss zu erreichen. Und zum anderen und in erster Linie, weil eine Gesellschaft ein breites Spektrum an unterschiedlich begabten Menschen braucht, um zu funktionieren. Zudem halten Menschen, die praktische Arbeiten verrichten, Häuser bauen, Brot backen, die Straßen reinigen oder aber auch Kranke und Alte pflegen, unsere Gesellschaft zusammen. Um ehrlich zu sein, sind sie in der Regel wichtiger als der tausendste Kulturwissenschaftler oder Betriebswirtschaftler. Letztlich sollte die Entscheidung, ob jemand Altenpfleger oder Lehrer wird, doch vom persönlichen Interesse und von vorhandenen individuellen Stärken abhängig sein, und beide Berufe und die Art und Weise, wie sie erlernt werden, sollten gleich angesehen und angemessen bezahlt sein.

Somit stellt sich die Frage, warum sich integrierte Gesamtschulen nicht längst deutschlandweit durchgesetzt haben, denn die deutsche Schulpolitik muss ja langfristig gesehen diesen Weg einschlagen, wenn sie die von der EU geforderte inklusive Beschulung für alle Schüler gewährleisten möchte. Problematisch ist allerdings die derzeitige Umsetzung. Im Jahr 2009 wurde im Rahmen der UN-Behindertenrechtskonvention die inklusive Beschulung an deutschen Schulen rechtskräftig. Das ist jetzt zehn Jahre her und es gibt immer noch reine Gymnasien und Realschulen und kooperative Gesamtschulen, die ja nichts anderes sind als selektive Schulzweige unter einem Dach. Hätte man diese Schulen nicht konsequenterweise allesamt zu integrativen Gesamtschulen umstrukturieren müssen? Müsste es nicht so sein, dass von der ersten bis zur neunten Klasse alle Kinder miteinander lernen und in der zehnten Klasse Realschüler und Gymnasiasten ein weiteres Jahr zusammen die Schulbank drücken?

Für die Gymnasiasten müsste es im Anschluss Oberstufengymnasien geben. Dann wäre echte Inklusion möglich, die auch die Integration von Schülern mit sprachlichen Defiziten, wie etwa Seiteneinsteigern und deutschen Schülern mit Migrationshintergrund, die in ihrer Herkunftsfamilie kein Deutsch sprechen, anders auffangen könnte. Im jetzigen System werden diese Schüler kaum berücksichtigt, wenn es beispielsweise um die personelle Ausstattung geht, obwohl sie eine ungleich höhere Unterstützung brauchen. Dies stellte die DESI-Studie schon 2003 fest, als sie postulierte, dass ein Rückstand der nichtdeutschsprachigen

Schülerinnen und Schüler in allen Tests in Deutsch besteht und besonderer Förderbedarf für solche Schüler vor allem bei der Wortschatzarbeit notwendig sei.[5] Wieso wird da nicht konsequenter Personal aufgestockt, damit Lehrer in Klassen mit vielen Schülern mit Migrationshintergrund immer in Doppelsteckung arbeiten können?

Noch dazu bleibt bei der jetzigen inkonsequenten Umstrukturierung der Schulen, die sich nicht an die Auflösung der Gymnasien und Realschulen wagt, die Inklusion weitestgehend an den integrierten und kooperativen Gesamtschulen hängen. Doch das ist eine unlösbare Aufgabe. Hier muss die Politik entschieden und konsequent eingreifen, wenn sie verhindern möchte, dass diese strukturelle Benachteiligung eine ganze Generation von Kindern abhängt.

Ohne tiefgreifende Umstrukturierungen wird sich die Situation verschärfen, denn die Tatsache, dass es verschiedene Schulformen gibt, führt dazu, dass Kinder der Mehrheitsgesellschaft vorzugsweise an Gymnasien oder reinen Realschulen angemeldet oder in kooperativen Gesamtschulen im Gymnasial- oder Realschulzweig unterrichtet werden. Man kann es den Eltern nicht verdenken.

Kürzlich saß ich mit einer Freundin zusammen und wir sprachen über ihre Pläne bezüglich der Schulkarriere ihres Sohnes, der nun bald in die fünfte Klasse kommt. Grundsätzlich sind wir beide der Meinung, dass wir als Teil der Mehrheitsgesellschaft etwas am bestehenden Ungleichgewicht ändern müssen, doch es nutzt nichts, wenn ein einziges Kind dann in eine Gesamtschule in einem bildungsfernen Einzugsgebiet geschickt wird. Dort trifft es womöglich auf bis zu 24 Kinder, die in unterschiedlichen Bereichen Förderbedarf haben. Wer integriert dann wen? Insofern stimmten wir dahingehend überein, dass man es erstmal mit einem der umliegenden Gymnasien versuchen sollte.

Mit großem Interesse habe ich zu diesem Thema ein Interview mit Pia Pakarinen, der Bildungsbürgermeisterin von Helsinki, gelesen. In der finnischen Hauptstadt, wie auch in anderen Regionen des Landes, wird sehr auf sozial gemischte Wohnviertel geachtet, sodass keine völlig abgehängten Viertel entstehen. »In jedem Gebiet, das neu bebaut wird, gibt es sowohl Häuser für Menschen mit niedrigen Einkommen als auch solche für Menschen mit höheren Einkommen«, erklärt Pakarinen. »Daher gibt es immer eine Mischung.« Weiter heißt es in dem Interview, dass es zwar, wie in anderen Großstädten auch, Probleme wie Arbeitslosigkeit oder Drogenabhängigkeit gibt, aber es gäbe in Helsinki kein Ghetto. Und somit auch keine »Ghetto-Schulen«. Für finnische Schüler bedeutet das, dass ihr Bildungserfolg nicht so stark wie bei deutschen Schülern davon abhängt, in welchem Viertel sie zur Schule gehen. Davon profitieren Kinder aus benachteiligten Familien, deren Eltern arm sind beziehungsweise einen Migrationshintergrund haben. In sozial gemischten Schulen haben sie höhere Chancen, zu ihren meist leistungsstärkeren Schülern aus besser gestellten Familien aufzuschließen, wie auch Experten bestätigen. Ihre Erfahrung zeige Pakarinen, dass sozial gemischte Schulen mit langem gemeinsamem Lernen wie in Finnland gerechter seien für Kinder aus benachteiligten Familien – gleichzeitig leidet der Bildungserfolg aller nicht darunter, dass die Schwächsten mehr Chancen haben. Hinzu kommt die gezielte Förderung von Schulen in weniger wohlhabenden Stadtteilen. »Wir fahren eine Politik der ›positiven Diskriminierung‹«, sagt sie. Schulen, in die besonders viele Kinder aus armen Familien gehen oder solche, in denen nicht Finnisch zu Hause gesprochen wird, bekommen mehr Geld. »Die Klassen in diesen Schulen sind kleiner, sodass die Lehrer mehr Zeit haben, sich um die Kinder zu kümmern«, erklärt Pakarinen weiter. Die Schulen könnten selbst entscheiden, wie sie die zusätzlichen Gelder verwenden. »Für gewöhnlich nutzen sie das Geld für Personal«, so gibt es in der Schule mehr Erwachsene, die den Schülern helfen können. »Wir wollen allen dieselben Möglichkeiten bieten«, sagt Pakarinen.[6]

Dass der Bildungserfolg von leistungsstarken Kindern nicht leidet, wenn sie länger in einer leistungsheterogenen Gruppe lernen, kann ich nur bestätigen. Meine Kinder haben eine integrierte Gesamtschule besucht, obwohl sie nicht im Einzugsgebiet unserer Wohnung lag, weil ich vom Konzept der Schule überzeugt war und es immer noch bin. Man muss dazusagen, dass es eine staatliche Schule ist, die allerdings einen Versuchsschulstatus hat und daher besonders innovativ arbeitet und auch gut ausgestattet ist. Sie genießt einen sehr guten Ruf und kann nicht mit anderen Schulen in bildungsfernen Einzugsgebieten verglichen werden, denn die Schulleitung ist in der komfortablen Situation, die Kinder aus dem Einzugsgebiet mit Kindern aus gutbürgerlichen Einzugsgebieten, die sich dort extra bewerben müssen, zu mischen. So entstehen Klassen, die ungefähr zur Hälfte aus Kindern mit bildungsfernem und zur Hälfte aus Kindern mit bildungsnahem Hintergrund bestehen. Dann funktioniert Integration bei entsprechender Ausstattung und wenn es genügend Lehrer gibt.

Ich persönlich finde es bemerkenswert, dass es solche Schulen in Deutschland gibt – integrierte Gesamtschulen in schwierigen Einzugsgebieten, die sich unabhängig von der einzugsgebietsgebundenen Schulzuweisung aufstellen können und die fantastische Arbeit machen – und dass es trotzdem nicht möglich ist, solche Schulen flächendeckend zu etablieren. Was hindert uns daran? Wir wissen doch, wie es geht.

DAUERSCHLEIFE HURENSOHN

»Er hat meine Mutter beleidigt.
Da hab ich ihn geschlagen.«

An meiner Schule arbeiten wir mit Kindern aus etwa 56 Nationen und brauchen daher klare Regeln und auch Grenzen, um einen vernünftigen Schulalltag gewährleisten zu können. Diese können wir nur kommunizieren, wenn wir ein gutes Verhältnis zu den Schülern aufbauen und uns als Lehrer intensiv mit ihnen austauschen. Aus diesem Grund haben wir uns vor einigen Jahren entschieden, Kulturschule zu werden.

Dieser Schulentwicklungsprozess bedeutet nicht nur, dass die ästhetische Bildung Einzug in alle Schulfächer hält und in den schulinternen Lehrplan aufgenommen wird, sondern auch, dass Freiräume entstehen, die es möglich machen, an Projekttagen, in Klassenratsstunden im sozialen Lernen und auf Exkursionen mit den Schülern ins Gespräch zu kommen und so über Dinge intensiver zu reden, die während des normalen Unterrichts aus zeitlichen Gründen zu kurz kommen. Gerade für uns Lehrer ist das notwendig, um etwas über unsere Schüler und ihr Selbstverständnis zu lernen.

Wie wichtig es ist, solche Gespräche auch in den Unterricht als festen Bestandteil zu integrieren, wurde mir klar, als mein Sohn eines Tages völlig aufgelöst vom Fußballspiel nach Hause kam und meinte, es hätte eine Massenschlägerei auf dem Platz gegeben, weil die gegnerische Mannschaft unfair gespielt hätte und einer der Spieler aus der Mannschaft meines Sohnes einen der anderen Spieler als Hurensohn beschimpft hätte. Daraufhin sei dieser ausgerastet und es entstand eine Prügelei. Er selbst habe zunächst versucht zu vermitteln, aber die Situation sei so schnell eskaliert, dass er sich zurückgezogen habe. Im Nachhinein ist er zur gegnerischen Mannschaft gegangen, um sich für das Verhalten seiner Mannschaft zu entschuldigen. Er meinte zu mir, dass sie gar nicht auf die Provokationen hätten eingehen sollen.

Einen Tag später habe ich im Klassenraum einen Schüler sitzen, der ein blaues Auge hat und übel zugerichtet aussieht. Er ist erst seit Kurzem in meiner Klasse. Auf Nachfrage, was passiert sei, ruft sein Freund aus der letzten Reihe: »Das war doch gestern beim Fußballspiel, Frau Wöllenstein! Gegen die Mannschaft von Ihrem Sohn!« Erstaunt höre ich mir die Geschichte aus der Perspektive meiner Schüler an, die meinen, die Mannschaft meines Sohnes hätte es verdient, dass man auf sie einprügelt.

Ich erfuhr von meinen Schülern, von denen einige an besagtem Spiel teilgenommen hatten, dass ihr Verhalten völlig gerechtfertigt gewesen sei, weil ein Junge der anderen Mannschaft meinen Schüler als Hurensohn bezeichnet habe. Somit habe er die Ehre der Mutter verletzt und die müsse man als Sohn verteidigen. Das war für die komplette Mannschaft Anlass genug, die Fußballmannschaft meines Sohnes zu verprügeln.

Nach der Stunde kam der Schüler mit dem blauen Auge noch einmal zu mir nach vorne und sagte: »Frau Wöllenstein, ich wusste ja nicht, dass das Ihr Sohn ist. Dann hätte ich das nicht gemacht. Aber wissen Sie, ihr Sohn ist ein Feigling. Der hatte Angst und hat seinen Freunden nicht geholfen. Und der hat sich am Ende bei uns entschuldigt. Das ist doch peinlich.«

Ich war geschockt. Mir wurde klar, dass meine Grundhaltung »Lass dich nicht provozieren«, die ich meinen Kindern als vernünftiges und deeskalierendes Verhalten beibringe, bei einigen meiner Schüler wie Schwäche ankommt. In ihren Augen sind Kinder, die sich so verhalten, charakterlose Feiglinge, die sich aus Angst zurückziehen.

Hier zeigt sich, dass diese Auseinandersetzung tiefer greift als eine Rauferei auf dem Fußballplatz. Hier geht es um den Unterschied kultureller Strukturen zwischen patriarchal und liberal organisierten Familien. Natürlich soll hier nicht verallgemeinert werden. Nicht alle Familien mit Migrationshintergrund leben patriarchale Strukturen und nicht in allen deutschen Familien herrscht Demokratie und Gleichberechtigung. Dennoch vollziehen Kinder aus patriarchal strukturierten Familien, egal ob mit oder ohne Migrationshintergrund, in den ersten Lebensjahren Lern- und Entwicklungsprozesse, die für ein Leben in einer demokratischen Gesellschaft hinderlich sein können.

Kinder aus diesen Familien nehmen sich nicht als Individuen mit eigenem Willen wahr, da die traditionell patriarchale Familie den Vater als alleiniges Familienoberhaupt manifestiert. Das Kind lernt eine Art von Respekt, den der Psychologe und Autor Ahmad Mansour als »Unterwerfung« beschreibt und der notfalls mit Gewalt oder Strafen erzwungen wird.[7]

Bei Kindern aus patriarchalen muslimischen Familien kommt allerdings noch eine kulturelle Komponente hinzu. Sie erleben sich immer als Teil einer Gemeinschaft, der Umma. Die Umma bezeichnet im Bereich des Islam eine Gemeinschaft, die ähnlich wie ein Volk oder eine Nation über den Rahmen eines Stammes oder Clans hinausreicht. Im engeren Sinne wird der Begriff für die religiös fundierte Gemeinschaft der Muslime verwendet. Ihre Interessen stehen über denen des Individuums. Dies führt nicht nur dazu, dass jedes einzelne Familienmitglied dazu verpflichtet ist, die Ehre des Clans zu verteidigen, sondern auch dazu, dass jeder auch für den anderen einsteht.

Das erlebe ich auch in den Cliquen, die meine Schüler bilden. Hat einer ein Problem, fühlen sich alle angesprochen und mischen mit. Was wiederum erklärt, warum es zu Situationen wie der auf dem Fußballplatz kommt, in der ein Junge sich provoziert fühlt und alle anderen in den Streit mit einsteigen. Diese Situation steht hier stellvertretend für das, was wir als Lehrer täglich in den Pausen erleben, wenn ein Streit eskaliert und sich sofort riesige Gruppen bilden, die aufeinander losgehen.

Kinder, die in aufgeklärten, liberalen Elternhäusern groß werden, und das können auch Familien sein, deren kulturelle Wurzeln nicht in Deutschland sind, entwickeln eine gegensätzliche Grundhaltung. Das Individuum und der persönliche Wille stehen an erster Stelle. Der eigene Wille und die Fähigkeit, verschiedene Meinungen zu diskutieren, werden gefördert und sind, oftmals sogar zum Leidwesen der Eltern, erwünscht. Dass auch diese Entwicklung in ihrer reinsten Form bedenklich ist, zeigen Bücher wie Jesper Juuls »Nein aus Liebe«, in dem deutlich wird, dass auch Eltern Grenzen setzen dürfen und müssen, um sich nicht aus falsch verstandener Bedürfnisorientierung zu den Bediensteten ihrer eigenen Kinder zu machen. Es muss also nicht immer und alles ausdiskutiert werden, es geht allerdings grundsätzlich um die Frage, wie wir angemessen Grenzen setzen. Mir ist es wichtig, dass hier deutlich wird, dass jede Erziehungsform in extremer Ausprägung auch ihre Schattenseiten hat und es keinesfalls nur in extrem patriarchal strukturierten Elternhäusern zu Problemen kommt.

Nun sitzen aber Kinder aus beiden Familien in unseren Klassenräumen und Konflikte dieser Art dürfen von uns als Lehrpersonen nicht als Lappalie oder als Streit, der nur situativ gelöst werden muss, betrachtet werden. Hier geht es darum, mit den Schülern neue Handlungsmöglichkeiten zu erarbeiten und nachhaltige Verhaltensveränderungen anzubahnen. Dafür brauchen wir Ruhe und Settings für die ganze Klasse, um den Schülern mögliche Lösungen aufzuzeigen, um sie zu befähigen, irgendwann aus solchen Situationen gewaltfrei herauszukommen.

Gut eignen sich hierbei Methoden wie das Konflikt-Theater. Hier spielen zwei Schüler einen typischen Streit vor. Wenn der Streit ein zweites Mal vorgespielt wird, dürfen die zuschauenden Schüler an der Stelle klatschen, an der sie eine Möglichkeit sehen, deeskalierend zu handeln. Sie gehen für den einen Darsteller, für den sie eine alternative Verhaltensweise vorschlagen möchten, auf die Bühne und spielen die Szene so weiter, wie sie sich das vorstellen. Im Nachhinein diskutiert man, wie erfolgreich die neue Verhaltensweise war, um eine Eskalation zu vermeiden. Das Gute an dieser Methode ist, dass man exemplarisch verschiedene Verhaltensweisen durchspielen kann und die Schüler sich auch dazu äußern können, warum es ihnen schwerfällt, sich deeskalierend zu verhalten. Ganz schnell ist man dann meist an dem Punkt, wo die Schüler genau das sagen, was mein Schüler meinem Sohn vorgeworfen hat: »Wenn ich mich nicht wehre, bin ich doch ein Feigling.«

Und ein Feigling darf man in einer patriarchal strukturierten muslimischen Familie nicht sein, vor allem nicht, wenn es darum geht, die Ehre der eigenen Mutter zu verteidigen. Doch was ist das überhaupt, diese »Ehre«?

Die Rechtsanwältin und Frauenrechtlerin Seyran Ateş macht darauf aufmerksam, dass der muslimische Ehrbegriff nicht zu vergleichen ist mit dem der Christen oder Juden, die damit ein individuelles Verhalten verbinden, das nur die einzelne Person betrifft. »Ehre im muslimischen Kontext bedeutet etwas anderes. Sie hängt davon ab, wie sich Personen, die zur eigenen Gruppe gehören, verhalten, und zwar die weiblichen Mitglieder einer Familie, einer Sippe.«[8] Ehre, die im Türkischen unter anderem mit dem Wort »namus« übersetzt wird, bezieht sich in erster Linie auf die Ehrbarkeit und Tugendhaftigkeit der Frau, was besonders deutlich wird im Wort »namuslu«, der »ehrlichen, redlichen und tugendhaften Frau«.[9]

Dass viele unserer Schüler dieses Verständnis von Ehre verinnerlicht haben, zeigt sich tagtäglich in der Schule und vor allem auf dem Pausenhof, denn dort wird oft thematisiert, dass die Jungen diejenigen sind, die die Ehre ihrer Mutter verteidigen müssen. Ich weiß nicht, wie oft ich schon den von mir als »Hurensohn-Streit« bezeichneten Konflikt mit Schülern besprochen habe, denn nichts eskaliert so schnell wie ein Streit, in dem ein Schüler einen anderen »Hurensohn« nennt. Dieses Wort ist geradezu eine Garantie dafür, dass der so betitelte Schüler losprügelt. Nicht ohne Grund gilt in muslimischen Ländern das Sprichwort: »Die Ehre des Mannes befindet sich zwischen den Beinen der Frau.«

Dass meine Schüler von diesem subtilen Auftrag, der auf ihren Schultern lastet, überfordert sind, erkennt man, wenn man sie fragt, was »Ehre« überhaupt bedeutet. Sie können dann lediglich »ehrenhaftes« Verhalten beschreiben, das in ihren Augen bedeutet, dass die Frau ihrem Mann treu ist sowie fleißig und großzügig. Wenn man aber mit ihnen darüber reden möchte, warum die Beleidigung »Hurensohn« aus dem Mund eines anderen Menschen, der die eigene Mutter gar nicht kennt, etwas an deren Ehre verändert, sie also weniger treu oder fleißig macht, können sie das nicht erklären, was wiederum daran liegt, dass in patriarchalen Familien oft nicht viel erklärt wird. Da fliegt dann eher mal ein Hausschuh, wenn eine »dumme« Frage gestellt wird.

Das mit dem Hausschuh habe ich mir keineswegs ausgedacht. Es kommt immer wieder im Darstellendes-Spiel-Unterricht bei Improvisationen dazu, dass Schüler Szenen vorspielen, in denen Streitgespräche mit dem Satz »Und dann *terlep*!« und einer komischen Handbewegung beendet werden. Irgendwann fragte ich nach, was es denn damit auf sich habe, und die Schüler erklärten, »terlep« hieße Hausschuh und an dem Punkt des Streites würden sie jetzt mit dem Hausschuh werfen, um den Streit zu beenden. Das entspricht natürlich nicht unbedingt meiner Vorstellung einer gelungenen Konfliktlösung, aber es geht ja im DS Unterricht in erster Linie darum, den Schülern Raum zu geben, ihre Geschichten zu erzählen. Wenn hinter der Schattenwand improvisiert wird, sind sie oft noch freier, dann schlagen sie sich oder prügeln mit großer Geste aufeinander ein, wenn ein Konflikt beendet werden soll. Da erscheint einem ein fliegender Hausschuh dann fast als harmlos.

Das soll nun nicht heißen, dass es in allen muslimischen bzw. patriarchalen Elternhäusern so zugeht. Ich bemerke nur in meiner täglichen Arbeit, dass meine Schüler vermehrt solche Geschichten nachspielen. Das tun sie natürlich, weil es irgendwie cool und lustig ist, wenn man sich in der Schule, und vor allem vor der Lehrerin, prügeln darf. Aber es ist ja nicht nur die Lust am Spiel, sie erzählen gleichzeitig etwas aus ihrem Alltag.

Diese Beobachtung und der daraus gezogene Rückschluss, dass meine Schüler oft erleben, dass Diskussionen vonseiten der Eltern in einer solchen oder ähnlichen Form unterbunden werden, deckt sich auch mit dem, was man in der Literatur findet. So schreibt Zana Ramadani, die ehemalige Aktivistin von Femen, dass wichtige Themen oftmals in patriarchalen Familien nicht an- und besprochen werden. Sie beschreibt, dass im privaten Bereich unter Muslimen nicht viel diskutiert wird. »Dass die Deutschen alles ausdiskutieren, ist für sie allenfalls ein Zeichen der Schwäche.«[10]

Eltern beenden auf diese Weise schneller, wenngleich auch nur vordergründig, das Problem, denn natürlich ist es eine Herausforderung, sein eigenes eingefahrenes Verhalten zu hinterfragen und mit den Kindern ins Gespräch zu kommen. Vielleicht käme man dann zu dem Schluss, dass es an der Tugendhaftigkeit der eigenen Frau oder der Mutter eben nichts ändert, wenn irgendjemand Lügen über sie erzählt. Und dass es vielleicht von guter Erziehung und Selbstbeherrschung zeugt, wenn man auf derartige Provokationen nicht eingeht. Denn letztendlich weiß die ganze Familie, dass die Mutter keine Hure ist. Wer dann allerdings wegen einer solchen Beleidigung, die inzwischen nicht selten von Mitschülern bewusst eingesetzt wird, weil sie genau wissen, dass dann wieder Rambazamba in der Schule ist, andere Mitschüler körperlich so angeht, dass diese ernsthaft verletzt werden, wirft kein besonders ehrenhaftes Bild auf das eigene Elternhaus. Immerhin haben die Eltern einen Schläger großgezogen, der sich nicht beherrschen kann. Diese Logik bleibt meinen Schülern allerdings verschlossen, solange ihre Eltern nicht bereit sind, ihre eigenen Werte und Vorstellungen zu überdenken.

Hier offenbart sich der Konflikt, den meine Schüler täglich aushalten, nämlich die Ehre der eigenen Mutter beziehungsweise der Familie verteidigen zu müssen, obwohl sie zum einen gar nicht genau wissen, was das ist und wie das geht, und zum anderen an deutschen Schulen zu lernen, dass man solchen Provokationen aus dem Weg gehen und weghören statt zuschlagen soll. Es zeigt sich aber auch die Wurzel des Problems, denn wenn man mit den eigenen Eltern solche Konflikte nicht besprechen kann, entstehen Unsicherheiten, die die Schüler häufig in aggressivem Verhalten äußern.

Es wird deutlich: Wenn wir uns nur um die Schüler kümmern, kommen wir nicht an die Wurzel des Problems. Auch mit den Eltern – und vor allem mit den Müttern – müssen wir in Kontakt kommen, und mit »wir« meine ich nicht ausschließlich oder in erster Linie die Schule. Beratung, Betreuung und Integrationskurse, die speziell auf Kindererziehung abzielen, sollten von unterschiedlichen Institutionen angeboten und breit gefächert sein, um möglichst viele Eltern zu erreichen. Warum gerade die Elternarbeit ein so wichtiges Thema ist, das allerdings nicht von uns Lehrpersonen aufgefangen werden kann, zeigt das nächste Kapitel.

WENN ELTERNARBEIT
AN IHRE GRENZEN STÖSST

*»Ich bin beschnitten und meine kleine
Schwester soll jetzt auch beschnitten
werden, aber ich möchte das nicht!«*

Im Folgenden wird aufgezeigt, warum es unerlässlich
ist, dass externe Institutionen langfristige Unterstützung
für Familien mit Migrationshintergrund anbieten, denn
wenn es über unterschiedliche Wertvorstellungen im Bereich von Konfliktlösungsstrategien oder die grundsätzliche Arbeitshaltung in der Schule hinausgeht, stoßen wir
als Lehrpersonen an unsere Grenzen in der Elternarbeit.
Hier braucht es ausgebildetes Fachpersonal, das in unterschiedlichen Kulturen zu Hause ist und tragfähige Bezie-
hungen zu den Familien aufbaut. Nur so können Themen
angesprochen werden, die tabuisiert sind. Diese können
nicht in Integrationskursen bei Ankunft in Deutschland
abgehandelt werden, sondern brauchen eine Vertrauens-
basis, die Gespräche und vor allem ein Umdenken im Bereich verhärteter traditioneller Denkmuster überhaupt erst
möglich macht. Dennoch tragen auch wir in der Schule
eine Mitverantwortung.

Das vorangestellte Zitat ist somit das einzige in diesem Buch, das ich mir ausgedacht habe und von dem ich mir »wünschte«, ich hätte es genau so gehört. Nicht, weil ich gerne über ein solches Thema mit meinen Schülerinnen sprechen möchte, sondern weil ich mir wünsche, dass sich betroffene Mädchen einer Person anvertrauen können, die ihnen helfen kann, sei es eine Lehrperson oder eine Sozialarbeiterin. Doch leider wird es uns mit dem Tabuthema weibliche Genitalverstümmelung (**Fe**male **G**enital **M**utilation) nicht so einfach gemacht. Das liegt nicht nur am strikten Verbot, über dieses Thema außerhalb der Familie zu sprechen, sondern auch an der Schamgrenze, die ein Mädchen überwinden muss, um sich in dieser Form an eine Vertrauensperson zu wenden. Und trotzdem kam es in den letzten sechs Jahren einmal vor, dass wir im Kollegium über Umwege davon erfahren haben, dass eine Schülerin unserer Schule beschnitten ist. Eine Dokumentation des deutschen Bundestages schätzte die Zahl der betroffenen Frauen in Deutschland im Jahr 2016 auf ca. 47.000. Terre des Femmes geht davon aus, dass ungefähr 6000 Mädchen dem Risiko ausgesetzt sind hierzulande oder bei einem Heimatbesuch genitalverstümmelt zu werden.

Ich verwende hier in Bezug auf die Schülerin bewusst das Wort »beschnitten«, denn diese, in meinen Augen grausame Tradition, hat zwei Seiten. Folgt man dem Rat von Terre des Femmes, dem Verein, der sich für Mädchen und Frauen einsetzt und der im deutschsprachigen Raum früh auf diese Art der Menschenrechtsverletzung an Mädchen aufmerksam gemacht hat, muss man die beiden Begriffe mit Bedacht wählen.[11]

Für mich persönlich steht außer Frage, dass das Entfernen der Klitoris (teilweise oder vollständig) und der äußeren, inneren oder auch beider Schamlippen eine Verstümmelung des Mädchens darstellt. Doch ich kann die Argumentation von Terre des Femmes, die auf Aussagen afrikanischer Aktivistinnen beruht, absolut nachvollziehen. Diese empfehlen, dass wir im Umgang mit betroffenen Schülerinnen auf jeden Fall von »Beschneidung« sprechen sollen und müssen. »Viele betroffene Frauen möchten nicht als verstümmelt bezeichnet werden, da sie dies zusätzlich stigmatisiert. Aus diesem Grund verwendet Terre des Femmes in der Broschüre »Wir schützen unsere Töchter«, die sich speziell an MigrantInnen richtet, fast ausschließlich das Wort »Beschneidung«. In der bundesweiten GynäkologInnen-Umfrage »Schnitte in Körper und Seele« haben der Berufsverband der Frauenärzte, Terre des Femmes und UNICEF ebenfalls den Begriff »Beschneidung« gewählt. In diesem Zusammenhang ist der Begriff keine Verharmlosung, sondern nimmt »Rücksicht auf die Würde der Betroffenen in Deutschland«[12].

Mit dem Begriff der Würde wird ein wichtiges Thema angesprochen, von dem ich mir wünsche, dass es in jedem Kapitel dieses Buches durchscheint: Diese Kinder verdienen unseren Respekt und nicht unser Mitleid, egal ob sie hier in Deutschland geboren wurden oder aus den unterschiedlichsten Gründen nach Deutschland migriert sind. Es sind Kinder mit Geschichten und Erfahrungen, die sie geprägt haben und die aus ihnen die Persönlichkeiten gemacht haben, die sie heute sind. Oftmals sind es Lebensgeschichten, die weit von einer wohlbehüteten Kindheit entfernt sind und die stolze und starke Kinder aus ihnen gemacht haben, die unseren größten Respekt verdienen und im gleichen Atemzug unsere ganze Fürsorge und professionelle Unterstützung.

Hier zeigt sich auch ganz deutlich das Dilemma, in dem wir in Deutschland stecken, denn inzwischen wächst die Anzahl der Menschen, die aus afrikanischen Ländern nach Deutschland migrieren, und wir müssen lernen, damit umzugehen, obwohl das Thema weitestgehend tabuisiert ist. Doch nicht nur im westlichen und nordöstlichen Afrika ist diese traditionelle Praxis weit verbreitet, auch in Ägypten, im Jemen, im Irak, Indien, Indonesien und Malaysia werden Mädchen oft schon im Säuglingsalter, spätestens aber kurz vor der Pubertät auf diese Weise »beschnitten«. Dies geschieht in der Regel, um ihre Treue gegenüber dem zukünftigen Ehemann zu gewährleisten, und ist gleichzeitig immer eine Demonstration männlicher Vormachtstellung in einer Kultur.

Problematisch ist nicht nur die oft unter unmenschlichen Bedingungen durchgeführte »Operation«, die für die Mädchen meist lebensgefährlich und traumatisierend ist, sondern auch die lebenslangen Folgen, mit denen ein Mädchen danach zu kämpfen hat. Hier geht es eben nicht nur um den Spaß am Sex, den man diesen Mädchen für immer verweigert. Ganz im Gegenteil. Es geht vor allem um ihren Alltag, der jeden Toilettengang, die Menstruation und später auch die natürliche Geburt eines Kindes beschwerlich bis unmöglich macht und darüber hinaus immense gesundheitliche Risiken nach sich zieht.

Genau hier besteht deshalb auch ein Verantwortungsbereich von uns als Lehrpersonen und insbesondere von Biologielehrern, denn sie haben die Möglichkeit, ohne dass sich betroffene Mädchen offenbaren müssen, wichtige Informationen weiterzugeben. Doch wie genau nähert sich das Fach Biologie der Sexualerziehung? Sexualerziehung ist seit 1968 von der Kultusministerkonferenz für den Biologieunterricht vorgesehen und als Aufgabe der Schule formuliert worden, wobei in der Unterrichtsplanung jeweils Schülerinteressen, gesellschaftliche Interessen und Interessen der Fachwissenschaften berücksichtigt werden müssen. Neben der Vermittlung der anatomischen und funktionellen Gegebenheiten unseres Körpers sind somit auch die Reflexion über gesellschaftliche Rollenerwartung, eine angemessene Gesundheitsvorsorge sowie verantwortliches Handeln sich und anderen gegenüber zu vermittelnde Inhalte. Für diese Inhalte stehen in Hessen zwei beziehungsweise in höheren Jahrgängen eine Wochenstunde zur Verfügung. Sexualerziehung wird als sogenanntes Spiralcurriculum vermittelt. Das bedeutet, dass Schüler das Thema während ihrer Schulzeit jeweils unter verschiedenen Gesichtspunkten mehrmals durchlaufen. Am Ende der Grundschulzeit steht so beispielsweise die spannende Frage im Raum, wo denn eigentlich die Babys herkommen. Zu Beginn der Pubertät steht eben die Pubertät im Vordergrund, um die Heranwachsenden nicht mit den ungewohnten Veränderungen und Vorgängen ihres sich wandelnden Körpers allein zu lassen. Schließlich wird in Klasse neun dem Thema »Wir übernehmen Verantwortung!« mehr Raum gegeben und der Frage nach geeigneten Verhütungsmethoden verstärkt nachgegangen.

Die Biologiefachkraft passt das Thema somit der jeweiligen Lerngruppe an, wobei sie immer bemüht ist, kultursensibel zu bleiben. Keinesfalls wird also Sex vor der Ehe propagiert, wie häufig von sehr traditionell geprägten Elternhäusern befürchtet wird, aber die Risiken einer ungewollten Schwangerschaft vor Abschluss einer Berufsausbildung und wie man sich davor schützen kann werden eben auch nicht ausgeblendet. Zu Beginn einer Einheit werden Gesprächsregeln vereinbart und das passende Vokabular festgelegt. Vielen Schülern ist an dieser Stelle der Unterschied zwischen Fachsprache (z.B. »Vagina«), Alltagssprache (z.B. »Scheide«) und Vulgärsprache (z.B. »Fotze«) nicht klar. Auch dass immer eine Distanz zwischen Thema und anwesenden Personen herrscht und über Sexualität im Allgemeinen gesprochen wird und nicht im persönlichen, muss vereinbart werden. Weiterhin wird zu Beginn der Einheit, und auch darüber hinaus, den Schülern immer die Möglichkeit gegeben, anonym oder offen Fragen zu stellen. Dazu wird ein »Briefkasten« aufgestellt. Eine befreundete Biologielehrerin gab mir einen kleinen Einblick in diese Fragen. Durchaus wird hier nach normalen körperlichen Vorgängen gefragt (»Wann bekommt man seine Regel?«), Krebserkrankungen im Umfeld der Kinder spiegeln sich wider (»Wie entsteht Brustkrebs?«), Ängste im

Zusammenhang mit Masturbation (»Ist mein Saft irgendwann alle?«) sowie ein zunehmender Pornokonsum (»Was ist ein Gangbang?«)werden deutlich.

Auch die Frage nach der Beschneidung taucht auf. Hier erweist sich die Begrifflichkeit jedoch wieder als unglücklich, weil sie dann doch aus Schülerperspektive zunächst eine Verharmlosung darstellt. Beschneidung meint im Biologieunterricht oft die männliche kulturelle oder medizinisch indizierte Beschneidung, die nicht mit der weiblichen Beschneidung verglichen werden kann. Auch das Schülervorwissen beinhaltet oft nur die männliche Beschneidung. Vor dem Hintergrund des zunehmenden Pornokonsums, auch bei jungen Schülern, beispielsweise der sechsten Klasse, ist es höchst problematisch, das Thema vor der ganzen Klasse zu behandeln, auf anatomische Details einer weiblichen Beschneidung einzugehen, um einerseits keine leider manchmal schon vorhandenen Gewaltfantasien gegenüber Mädchen und Frauen zu schüren und andererseits niemanden zu traumatisieren. Aber man kann Schülern erklären, was eine Menschenrechtsverletzung ist, und medizinische Folgen einer weiblichen Beschneidung erläutern, denn genau das ist eine FGM. Eine Menschenrechtsverletzung. Das muss uns als Lehrpersonen klar sein, deshalb machen wir uns auch strafbar, wenn wir eine drohende Genitalverstümmelung nicht zur Anzeige bringen.

Man kann den interessierten Kindern geeignetes Material mitbringen und so eventuell auch betroffene Mädchen erreichen, denn auch wenn sie bereits beschnitten sind, gibt es medizinische Eingriffe, die ihnen zumindest das alltägliche Leben erleichtern können, denn durch plastische Chirurgie sind, je nach Schwere der Verstümmelung, Rekonstruktionen in Teilen möglich. Es ist wichtig, dass solche Informationen betroffene Schülerinnen erreichen, aber es muss auch gewährleistet sein, dass Schüler, die sich nicht näher mit diesem Thema befassen möchten, alternatives Material bekommen. Sie können in der Zeit ein anderes Thema bearbeiten, etwa Homosexualität, Intersexualität oder männliche Beschneidung. Der pädagogische Spielraum muss sich hier der Lerngruppe anpassen. Ideal ist es, die Lerngruppe nach Geschlechtern wenigstens phasenweise zu trennen. Davon profitieren nicht nur die Mädchen, die meist weiterentwickelt sind und bestimmte Fragen in Ruhe geklärt haben möchten, ohne das Gewitzel der Jungen. Auch Jungen haben eine Fülle von Fragen, die sie nicht vor der ganzen Klasse klären möchten.

Die Möglichkeiten der Geschlechtertrennung sind aufgrund personeller und räumlicher Engpässe in der Regel nicht gegeben. Zwar werden an bestimmten Projekttagen, wie beispielsweise dem sozialen Lernen, die Kinder phasenweise nach Geschlechtern getrennt, doch verglichen mit der Fülle an sexualisierter Werbung, Internetpornos und dem immensen Gesprächsbedarf der Kinder ist das ein Tropfen auf den heißen Stein. Damit sich insbesondere Mädchen wirklich den Fragen zuwenden können, die sie beschäftigen, brauchen sie durchgehend einen geschützten Raum, in dem sie sich vergewissern können, dass das weibliche Geschlecht kein defizitäres ist.

Das bedeutet jedoch nicht, dass man Jungen dieses Wissen vorenthalten sollte. Im Gegenteil. Sie sind jedoch entwicklungsbedingt langsamer als Mädchen und schaffen es nicht immer, sich zeitgleich der Thematik angemessen zu nähern. Prävention im Bereich der Sexualpädagogik hat in der Vergangenheit meist das Verhalten der Mädchen im Blick gehabt. Um sie vor Übergriffen zu schützen, wurde ihnen beigebracht, sich »angemessen« zu kleiden, um niemanden zu provozieren. Wer hat eigentlich die Jungen beiseitegenommen, um ihnen zu erklären, dass Mädchen und Frauen keine Menschen zweiter Klasse sind und nicht dazu da sind, die Bedürfnisse von Männern und Jungen zu erfüllen? Wer glaubt, das sei ein alter Hut oder beziehe sich nur auf Männer aus patriarchal geprägten Kulturen, sollte mal nach einem Fußballspiel mit erwachsenen Männern in einen Regionalzug steigen.

Viele der Mädchen aus konservativen Familien, an die die Erwartung herangetragen wird, »unberührt« in die Ehe zu gehen, fürchten sich davor, Tampons zu benutzen, aus Angst, das Jungfernhäutchen könne reißen. Sie, und auch die Jungen, sind bass erstaunt, wenn man ihnen die verschiedenen Formen der Jungfernhäutchen zeigt, aus denen hervorgeht, dass nicht alle Frauen beim ersten Sex bluten müssen, weil es je nach Beschaffenheit des Jungfernhäutchens eben nicht zu einer Blutung kommt. Die Schülerin einer befreundeten Kollegin rief daraufhin: »Ey, super! Jetzt weiß ich das. Aber wer erklärt das meinem Vater?« Ja, wer? Sie bekam den Hinweis, die Biomappe zum Lernen doch mal aufgeschlagen auf dem Wohnzimmertisch liegenzulassen.

Die anatomischen Kenntnisse über den weiblichen und männlichen Körper sind auch bei Erwachsenen nicht unbedingt vorhanden. Das Wissen um das Recht auf Selbstbestimmung häufig nur theoretisch.

Wir brauchen neben Räumlichkeiten, Personal und Zeit, die wir in eine wenigstens phasenweise geschlechtergetrennte Sexualerziehung investieren könnten, auch die Möglichkeit, mit Eltern über solch schwierige Themen ins Gespräch zu kommen, um ihnen aufzuzeigen, wo sie sich weiter informieren können oder Unterstützung finden. Hierfür müssen sich Schulen und externe Institutionen besser vernetzen. Dies ist ein erster Schritt, auch die Bedürfnisse und Befindlichkeiten anderer, in dem Fall ihrer Töchter, zu thematisieren und letztlich zu respektieren. Denn nur wer verinnerlicht hat, sich selbst zu respektieren und wertzuschätzen, kann dies auch anderen Menschen konstant zugestehen. Dass hier besonders Mütter, die selbst beschnitten wurden, ihre Töchter oftmals nicht schützen können, liegt daran, dass sie zunächst die eigene Situation reflektieren müssten, um dann die Tradition in Frage zu stellen. Das schaffen viele dieser Frauen nicht, weil es ein Prozess ist, der unheimlich viel Mut und Kraft erfordert und oftmals bedeutet, dass sich diese Frauen von ihren Familien lossagen müssten. Sie dafür allerdings zu stigmatisieren und auszugrenzen ist absolut kontraproduktiv.

Weibliche Beschneidung mag hierzulande Entsetzen auslösen und am liebsten möchte man sich mit einem solchen Thema gar nicht beschäftigen, doch wir dürfen uns dieser Verantwortung nicht entziehen. Aus unserer Sicht ist es tatsächlich schwierig zu verstehen, warum es diese Tradition gibt und warum Mütter einer derartigen Beschneidung ihrer Töchter zustimmen. Dennoch müssen wir neben all dem Unverständnis und auch dem Befremden, das wir dem Thema gegenüber empfinden, versuchen zu verstehen. Traditionen folgen keiner rationalen Logik und vor allen Dingen folgen sie anderen Maßstäben als denen, die wir anlegen, wenn wir ein für uns erfülltes und glückliches Leben im Kopf haben.

Eltern, die sich für eine Beschneidung ihrer Tochter entscheiden, tun dies, weil sie das Beste für ihr Kind möchten. Sie sind überzeugt davon, dass ihre Tochter, wenn sie unversehrt bleibt, keine Chance auf ein glückliches Leben hat. In Ländern, die FGM praktizieren, gelten unbeschnittene Mädchen als »unrein«, als »Prostituierte«, die später keinen Mann finden. Das möchte kein Elternteil für seine Tochter riskieren. Diese Überzeugung ist tief verwurzelt und sie hört nicht auf, sobald eine Familie aus einem entsprechenden Kulturkreis deutschen Boden betritt. Hier gilt es, Beziehungsarbeit zu leisten und Eltern engmaschiger zu begleiten als lediglich durch Flyer oder Informationen in Integrationskursen, die bei Ankunft in Deutschland angeboten werden. Die Erkenntnis, dass der Weg zu einem vermeintlich glücklichen Leben nicht über eine heimlich durchgeführte Beschneidung führt, kann nur dann reifen, wenn diese Familien auf Menschen treffen, die von den Familien als Vertrauenspersonen akzeptiert werden. Das heißt, sie müssen die Religion und die Kultur gut kennen. Im Idealfall kommen sie selbst aus einem solchen Kulturkreis.

Nur durch eine engmaschige Begleitung kann echte Integration angebahnt und der Einfluss der gut vernetzten Communities unterbunden werden. Denn diese haben längst Wege gefunden, auch in Europa Beschneidungen an Mädchen durchzuführen, indem zum Beispiel eine Beschneiderin eingeflogen wird, die dann in Amsterdam oder Paris eine solche Verstümmelung an Mädchen durchführt, die extra dafür von ihren Familien in die jeweilige Stadt gebracht werden.

Und genau hier können wir uns unserer Verantwortung nicht mehr entziehen, denn diese Mädchen sind in Deutschland geboren, leben hier und besuchen deutsche Kindergärten und Schulen. Hier ist die ganze Gesellschaft gefragt! Wertschätzung beiden Geschlechtern gegenüber kann vorgelebt werden. Als einzelne Lehrperson ist man jedoch weitestgehend machtlos. Wie bringt man überhaupt in Erfahrung, welche Mädchen betroffen sind? Denn selbst wenn man versuchen würde, sie direkt anzusprechen, würden die Mädchen in der Regel behaupten, dass sie nicht betroffen sind, denn so weit reicht der Einfluss der Familie auf jeden Fall. Das Schweigen brechen käme einem Verrat der Familie gleich. Den Familien ist inzwischen durchaus klar, dass sie in einem Land leben, in dem FGM verboten ist, und deshalb stehen die Mädchen unter extremem Druck.

Welcher Art die Strafen sind, die auf FGM stehen, ist vielen Eltern jedoch nicht bewusst. Es handelt sich nicht um kleine Geldstrafen. Im Gegenteil, seit 2013 steht auf einen solchen Eingriff in das Menschenrecht eines Mädchens eine Freiheitsstrafe von einem bis zu 15 Jahren, die nicht nur denjenigen betrifft, der die Beschneidung durchführt, sondern auch die Eltern, die diese Verstümmelung zugelassen haben.

Zudem sind den Eltern medizinische Aspekte und die Langzeitfolgen oft nicht vollumfänglich klar und genau hier kann und muss Schule ansetzen, doch das können nicht wir als Lehrer tun. Hier brauchen wir Sozialarbeiter, die hochprofessionelle Elternarbeit und damit verbundene Beziehungsarbeit leisten, um Traditionen und auch die vermeintlich religiösen Gründe zu hinterfragen. Solche Themen müssen immer wieder angesprochen werden, und zwar von Personen, die die Eltern schätzen und denen sie vertrauen.

Das heißt, es nützt nichts, lediglich ein oder zwei weitere Sozialarbeiter pro Schule einzustellen und laut zu verkünden, dass man Maßnahmen ergriffen hat, um Schulen in ihrer Arbeit zu unterstützen. Schulen sind oftmals für diese Mütter ein idealer Treffpunkt, weil ihre Kinder dort viel Zeit verbringen und dort Menschen arbeiten, die sich somit ohnehin mit ihrer Familie befassen und sei es auch »nur« im Rahmen der Ausbildung ihrer Kinder. Es ist ein ihnen vertrauter Ort, der für ihre Kinder Lebens- und Lernraum ist. Somit brauchen wir vor allen Dingen Räume und Möglichkeiten, um an Schulen zu Zeiten zu arbeiten, an denen die Eltern und vor allem die Mütter Kapazitäten frei haben. Ein Elterncafé, das einmal im Monat nachmittags stattfindet, reicht nicht aus. Nachmittags, wenn in den Schulen ab 15 oder 16 Uhr wieder Räume zur Verfügung stehen, können die meisten Mütter nicht in die Schule kommen, denn ihre Kinder sind dann natürlich wieder zu Hause. Insofern muss ein solches Angebot zur regulären Schulzeit stattfinden. Das heißt, wir brauchen Geld für den Ausbau von Schulen, um Räume zu schaffen.

Es gibt durchaus Angebote von Gemeinden und Frauenzentren, die auch Integrations- und Sprachkurse anbieten. Doch die Chance, dass man noch mehr Eltern erreicht, wenn man mit diesen Anbietern kooperiert, sollten wir nicht verschenken. Das ist übrigens keine neue Idee. Es gibt auch schon Kooperationen, die genau so funktionieren. Frauenzentren, die einmal in der Woche in ein Elterncafé in einer Schule einladen und damit sehr gute Erfahrungen machen. Es sind nur leider viel zu wenige, es gibt zu wenig Geld für eine so wichtige Arbeit und oft scheitert es tatsächlich am Platzmangel. Das kann und darf in einem Land wie Deutschland nicht passieren. Es gibt doch nichts Wichtigeres als eine gute und allumfassende Bildung, die schon immer nicht nur ein Bildungsauftrag war, sondern auch ein Erziehungsauftrag. Und dieser schließt die Eltern mit ein. Ohne sie geht es einfach nicht. Aber es geht auch nicht ohne die Mithilfe der zuständigen Behörden und ohne politische Rückendeckung, wie das nächste Kapitel zeigt. Wir stehen vor einem gesamtgesellschaftlichen Auftrag.

WO DAS GRUNDGESETZ ENDET

*»Ich kann nicht ›nein‹ zu
meinem Sohn sagen. Sehen Sie ihn
sich doch an! Er ist so schön!«*

Das vorangestellte Zitat habe ich mir keineswegs ausgedacht. Es ist genau so in einem Elterngespräch gefallen
und zeigt, mit welchen Herausforderungen wir Lehrer zu
kämpfen haben, wenn es darum geht, die Eltern unserer
Schüler bei Schwierigkeiten mit ins Boot zu holen. In einer Fortbildung erklärte der Psychologe Ahmad Mansour,
warum muslimische Jungen öfter als Mädchen das deutsche Schulsystem ohne Schulabschluss verlassen. Das liege
häufig daran, dass ein Sohn in muslimischen Familien von
Geburt an der Prinz im Hause sei und dies sei allein der
Anwesenheit seines primären Geschlechtsteils geschuldet.

Dem Sohn wird von Anfang an die uneingeschränkte
Aufmerksamkeit der Mutter gewidmet, »denn sie ist ihrem Sohn von Geburt an dankbar, weil er ihren Stellenwert im sozialen Gefüge erhöht«.[13] Als Stammhalter der
Familie steigert er das Ansehen der Mutter in der Gemeinschaft. Somit liest sie ihm von Geburt an jeden Wunsch
von den Augen ab. Doch nicht nur die Mutter ist dazu da,

dem Sohn das Leben so angenehm wie möglich zu machen. Sollte er Schwestern haben, gilt das natürlich auch für sie, die von frühester Kindheit an lernen, dass es ihre Aufgabe ist, dem Bruder – und natürlich auch dem Vater – zu Diensten zu sein.

Dieses in Fachkreisen »Söhnchenkult« genannte Verhätscheln der Söhne von frühester Kindheit an führt dazu, dass muslimische Jungen, die so aufwachsen, das Gefühl haben, allein ihre bloße Anwesenheit reiche aus, um im Leben erfolgreich zu sein.

Kommen diese Kinder aber nun in die Schule, die leistungsorientiert bewertet, gerät ihre Selbstwahrnehmung ins Wanken. Auf einmal reicht es nicht mehr aus, ein Junge zu sein. Man muss Leistung erbringen, Regeln befolgen und sich, was für viele Jungen besonders schwer ist, im Klassenzimmer durch angemessenes Verhalten und Wissen in gleichberechtigter Konkurrenz zu den Mädchen behaupten. Hier entstehen dann bizarre Situationen, wenn das Wertegerüst der Jungen ins Wanken gerät. Sie benehmen sich dann oftmals wie kleine Paschas, ohne dass ihnen das wirklich auffällt, denn sie finden das ja normal, dass die Mädchen ihnen alles abnehmen. Sie kennen es nicht anders.

Mal weigert sich dann ein Schüler, den Klassenraum zu fegen, weil er doch ein Junge sei. Ein anderes Mal setzt sich die Mutter mit in den Unterricht, weil sie es nicht glauben kann, dass ihr perfekter Sohn in der Schule während des Unterrichts aufsteht, schwätzt, nicht auf die Lehrerin hört und seine Aufgaben nicht bearbeitet.

Es gibt auch Fälle, die einem besonders präsent bleiben, wie der eines Schülers, mit dessen Mutter ein sogenannter Verstärkerplan im Rahmen eines Förderplangespräches aufgestellt wurde. Verstärkerpläne sind Tabellen, in denen jeder Lehrer für jede Stunde in der Woche eine Rückmeldung einträgt. Eine positive, wenn die im Verstärkerplan erklärten Ziele eingehalten wurden, und eine negative, wenn das eben nicht der Fall war.

Dieser Schüler sollte positive Bewertungen bekommen, wenn er es in der Stunde geschafft hatte, den Anweisungen der Lehrerin zu folgen, und wenn er konzentriert an seinen Aufgaben gearbeitet hatte. Natürlich hätte dort auch stehen können: Ich diskutiere nicht, wenn die Lehrerin eine Aufgabe stellt, ich schwätze nicht und lenke meine Mitschüler nicht ab. Die Ziele in einem solchen Plan werden aber immer positiv formuliert und so heißt es dann eben: Ich höre auf die Anweisung der Lehrerin. Ich konzentriere mich auf meine Aufgaben.

Wenn dies also eine Schulstunde lang gelungen ist, bekommt der Schüler einen positiven Vermerk in seinem Verstärkerplan. Dieser Plan muss je nach Absprache mit den Eltern täglich oder wöchentlich von ihnen abgezeichnet werden, damit sie über das Verhalten des Kindes im Unterricht informiert sind. Besonders gut funktionieren solche Pläne, wenn es für die Schüler zusätzlich einen Anreiz gibt, gute Bewertungen zu bekommen. In diesem Fall schlug meine Kollegin vor, das Bild der heiß ersehnten Turnschuhe aus der Werbung auszuschneiden und in 21 Teile zu zerschneiden. Für jeden gelungenen Schultag gibt es ein Puzzleteil, das der Schüler sich auf ein Blatt kleben kann. Wenn das Bild vollständig ist, darf er mit seiner Mutter in die Stadt gehen, und sie kauft sie ihm.

Sehr viel extrinsische Motivation, die hier freigesetzt wird, aber gerade die Arbeit mit Verstärkerplänen zeigt, dass durch das anfangs erzwungene gute Verhalten oft sehr schnell eine Besserung eintritt, weil der Teufelskreis unterbrochen wird, der durch störendes Verhalten entsteht: Der Schüler stört den Unterricht, versteht die Aufgaben nicht, weil er nicht zugehört hat, ist überfordert und stört weiter, um von der eigenen Überforderung abzulenken. Wenn er sich aber ein paar Tage dazu zwingt, dem Unterricht zu folgen, um positive Bewertungen im Verstärkerplan zu erhalten, hört er automatisch zu, wenn die Lehrerin etwas erklärt. Es stellen sich erste Erfolgserlebnisse ein, die manchmal, natürlich nicht immer, dazu führen, dass es in der Schule besser läuft.

Im Falle des Schülers mit den Turnschuhen war allerdings das Problem, dass er bereits nach drei Tagen mit stolz geschwellter Brust seine neuen Schuhe vorführte und die ganze Idee mit dem Verstärkerplan den Bach hinunterging.

Diese Art von inkonsequentem Verhalten finden wir natürlich nicht nur bei muslimischen Eltern, die ihren Söhnen jeden Wunsch von den Augen ablesen. Auch in deutschen Elternhäusern kommt es dank falsch verstandener Bedürfnisorientierung und der Angst der Eltern vor Liebesentzug seitens ihrer Kinder immer wieder zu inkonsequentem Verhalten, das es den Kindern schwer macht, sich in einem Massenbetrieb wie der Schule unterzuordnen. Denn Kinder, die verinnerlichen, dass ein »Nein« oder ein »du musst jetzt warten« keine Ansage, sondern eine Option ist, die man mit der nötigen Überredungskunst zu seinen Gunsten verändern kann, zeigen in der Schule dieselbe Energie, wenn es um klare Regeln geht, und »erfreuen« uns Lehrer mit dem Versuch, Regeln und Ansagen ständig neu verhandeln zu wollen. Hierüber können sicher Lehrer, die an Schulen mit einem anderen Einzugsgebiet arbeiten, noch ganz andere Lieder singen.

Hinzu kommen weitere kulturhistorische Aspekte, die nicht unbedingt mit dem »Söhnchenkult« in Verbindung stehen und dennoch dazu führen, dass Schüler, und in diesem Fall auch Schülerinnen, auffällig werden und im Verlauf ihrer schulischen Karriere unter ihrem eigentlichen Potenzial bleiben.

So erzählte mir eine befreundete Lehrerin aus einem Vorort von Kassel, dass sie an ihrer Schule immer wieder Probleme mit afghanischen Kindern beobachten, ganz unabhängig vom Geschlecht. Die Eltern, denen es vergönnt war, vor etwa 20 Jahren zu fliehen, konnten das nur, weil sie in ihrem Heimatland über einen entsprechenden Status und Vermögen verfügten. Sie kamen hierher und haben diesen Statusverlust erstaunlich gut weggesteckt und eine wirklich bemerkenswerte Anpassungsleistung vollzogen. Die Kinder allerdings rebellieren nun stellvertretend für die Eltern gegen diesen Verlust, auch wenn ihnen das oft gar nicht bewusst ist. Ständig fühlen sie sich zurückgesetzt, ungerecht behandelt und stilisieren sich als Opfer. In der Lerngruppe fordern sie eine permanente Sonderrolle ein. Hier sind systemische Kräfte am Wirken, die vielleicht ein erfahrener Therapeut auflösen kann, die wir als Lehrer aber oftmals gar nicht in ihrem Kern erkennen können, da wir in erster Linie zur Wissensvermittlung ausgebildet werden. Letztlich hat so jede Schulform und jedes Einzugsgebiet ihre und seine eigenen Herausforderungen.

Um kein allzu einseitiges Bild zu zeichnen, sollte erwähnt werden, dass es auch an meiner Schule nicht nur Jungen gibt, die wie kleine Prinzen aufwachsen. Ab und zu haben wir auch Schülerinnen, deren Eltern uns im Gespräch darauf hinweisen, dass wir nicht so streng mit ihrer Tochter sein dürfen. Sie hätte zu Hause schon erzählt, dass sie das Gefühl habe, dass die Klassenlehrerin sie nicht mag. Die Eltern baten die Lehrerin, die zwölfjährige Schülerin doch ab und zu mal auf den Schoß zu nehmen und ihr zu sagen, dass sie sie liebhabe. Das brauche sie.

Es soll hier also keinesfalls so aussehen, als gäbe es bei Schülern ohne Migrationshintergrund oder bei Schülerinnen im Allgemeinen gar keine Probleme, die dazu führen, dass die Schüler den Schulalltag und vor allem die Klassenatmosphäre empfindlich stören und oftmals Leistungen zeigen, die unter ihrem eigentlichen Kompetenzniveau bleiben. Es soll lediglich nach den Ursachen geforscht werden, warum es bei männlichen muslimischen Schülern ungleich öfter zu Schulversagen kommt.

Dass das so ist, bestätigt auch der »Chancenspiegel 2017« der Bertelsmann Stiftung, der die hohe Schulabbrecherquote in Deutschland hervorhebt, »und zwar besonders bei Jugendlichen mit ausländischem Pass oder Migrationshintergrund. Für diese Schüler sei das Risiko eines Abbruchs – ohne zumindest den Hauptschulabschluss zu erreichen – mehr als doppelt so hoch wie für deutsche Mitschüler.« Doch nicht nur die Abbrecherquote ist bei männlichen Migranten höher, sie vollziehen zusätzlich seltener einen Bildungsaufstieg, wenn man sie mit Migrantinnen vergleicht, die deutlich schlechtere Bildungsabschlüsse aus ihren Heimatländern mitbringen als männliche Migranten. »Jedoch ist der Bildungsaufstieg, den muslimische Frauen im Generationenverlauf im deutschen Bildungssystem vollziehen, deutlich höher als bei Männern. Frauen, die das deutsche Schulsystem durchlaufen haben, verfügen insgesamt über einen höheren Bildungsabschluss als die Generation ihrer Mütter. Der Bildungsaufstieg in der zweiten Generation ist bei Männern zwar auch vorhanden, jedoch deutlich schwächer ausgeprägt.«[14]

Dass diese Tatsache unter anderem den unterschiedlichen Erziehungsmethoden geschuldet ist, denen Söhne und Töchter in streng muslimischen Elternhäusern ausgesetzt sind, ist selbsterklärend. Werden die Jungen zu verwöhnten Paschas herangezogen, läuft es bei den Mädchen genau umgekehrt. Sie werden dazu angehalten, den Männern in der Familie das Leben so bequem wie möglich zu machen. Während Jungen allein durch die Tatsache, dass sie Jungen sind, von Geburt an glänzen können, bekommen Mädchen erst in der Schule die Chance, ihren Wert zu steigern, indem sie gute Noten nach Hause bringen, um so die Anerkennung ihrer Eltern zu erhalten.

So führt diese unterschiedliche Behandlung, die unsere Schüler oftmals im Elternhaus erfahren, in der Schule zu den bereits oben angerissenen Problemen, die manchmal aber viel subtiler daherkommen. Besonders oft sind es scheinbare Nebensächlichkeiten, die man als Lehrerin wahrnimmt, wenn man die Schüler im Klassenraum beobachtet: Die Mädchen mit Migrationshintergrund bringen den Jungen ihre Bücher mit, wenn sie ihre eigenen Materialien aus dem Fach holen, oder erledigen einfach den Ordnungsdienst für ihren Klassenkameraden. Darauf angesprochen heißt es dann immer: »Das macht mir nichts aus.« Und das entspricht erziehungsbedingt leider oftmals der Wahrheit.

Doch wozu führen diese fest verankerten Verhaltensweisen? Sie führen dazu, dass sich Mädchen und Jungen eben nicht als gleichberechtigt ansehen, obwohl das Grundgesetz in Artikel 3 es so postuliert. Dort steht, dass Männer und Frauen gleichberechtigt sind und dass der Staat die tatsächliche Durchsetzung der Gleichberechtigung von Frauen und Männern fördert und auf die Beseitigung bestehender Nachteile hinwirkt. Doch tut er das wirklich? Und wenn ja: Reichen diese Bemühungen aus?

Im Prinzip bräuchten wir verpflichtende Kurse für Eltern, die aus anderen Kulturkreisen kommen, um diese aufzuklären. Denn größtenteils wissen sie gar nicht, dass Grundsätze, die in der deutschen Verfassung stehen, Auswirkungen bis in den persönlichsten Bereich ihrer Familie haben. Es wäre selbstverständlich naiv zu glauben, dass verpflichtende Kurse zur Kindererziehung mit Schwerpunkten wie »Kulturelle Unterschiede« oder »Das Grundgesetz in der Kindererziehung« dazu führen, dass Jahrhunderte alte Traditionen plötzlich abgestreift werden. Dennoch würde man einen Grundstein für ein Umdenken legen, welches dann vielleicht in der nächsten Generation erste Früchte trägt.

Wenn wir von dieser Art pädagogischer Weichenstellung reden, sprechen wir nicht von Blitzkuren und Wundermitteln, sondern von langfristigen strukturellen Veränderungen, die wir anbahnen müssen, um Werte und Normen zu erhalten, die wir in Deutschland als Errungenschaften für unser friedliches gemeinsames Zusammenleben erstritten haben.

. Wir können nicht erwarten, dass die Gleichberechtigung von Mann und Frau, die Religions- oder Meinungsfreiheit oder auch das Recht auf körperliche Unversehrtheit einfach so auf Familien aus anderen Kulturen, in denen diese grundlegenden Menschenrechte noch nicht selbstverständlich sind, abfärben. Dafür müssen wir etwas tun. Wir müssen erklären und aufklären, und zwar so, dass sich diese Familien ernst und angenommen fühlen und verstehen, dass die Einhaltung dieser Grundrechte für die Bildungskarrieren ihrer Kinder wichtig sind. Dass sie durch die Art, wie sie ihre Kinder erziehen, wichtige Voraussetzungen schaffen für das Gelingen oder das Scheitern einer schulischen Karriere.

UND JÄHRLICH GRÜSST DER RAMADAN

»Frau Wöllenstein, ich fühle mich von
dieser Wasserflasche provoziert. Sagen
Sie der, dass sie die wegpacken soll!«

Wenn man als Lehrperson an einer Schule mit einer ständig wachsenden Anzahl von muslimischen Schülern unterrichtet, dann stellen einen die verschiedenen religiösen Feste, Sitten und Gebräuche immer wieder vor neue Herausforderungen. Zu den Klassikern gehört inzwischen der Ramadan, der muslimische Fastenmonat. Unter normalen Umständen sollte er eigentlich kein Problem sein, da Kinder laut islamischer Lehre bis zur Pubertät davon ausgenommen sind und auch später Muslime nur dann fasten müssen, wenn dem beruflich – oder in diesem Fall schulisch – nichts im Wege steht.

Natürlich gab es schon immer Kinder, die während des Ramadan trotzdem ein bisschen fasten »geübt« haben, aber das war ihre eigene Entscheidung und hatte keinerlei Einfluss auf den Unterricht oder den Umgang der Schüler untereinander.

So erlebte ich zu Beginn meines Referendariats einmal ein Mädchen, das während der Bundesjugendspiele kollabierte. Erst nach mehrfacher Nachfrage sagte sie mir, dass sie derzeit tagsüber weder aß noch trank, weil ihre Religion das so von ihr verlange. Dieses Mädchen war jedoch ein Einzelfall, auch wenn er für mich besorgniserregend genug war. Während des normalen Unterrichtsalltags fielen Schüler, die fasteten, nicht weiter auf. Vermutlich gab es nicht so viele von ihnen wie heute, und wenn es sie gab, behielten sie es für sich.

Mit der steigenden Anzahl muslimischer Schüler aus Staaten, in denen der Islam deutlich strenger gelebt wird, hat sich die Lage allerdings verschärft. Darüber hinaus nimmt die Religion auch bei Kindern von Eltern, die bereits in der dritten Generation hier leben, einen immer größeren Stellenwert ein. Die Großelterngeneration dieser Kinder kam zum Arbeiten nach Deutschland und Religion spielte eher eine untergeordnete Rolle. Auch die zweite Generation war eher leistungsorientiert und weniger religiös. Aber die dritte und vierte Generation fühlt sich offenbar, und zum Teil aus verständlichen Gründen, immer noch nicht angekommen in Deutschland. Sie wenden sich verstärkt ihren traditionellen Wurzeln zu und identifizieren sich zunehmend mit dem Islam.

Es ist verständlich, dass die Religion Teil der eigenen Identität ist, und es ist absolut berechtigt, dafür einen Raum einzufordern. Allerdings ist das Wissen um die eigene Religion bei diesen Schülern oft rudimentär und die Einforderung, Rücksicht auf religiöse Bedürfnisse zu nehmen, besonders stark ausgeprägt bei Kindern, die ansonsten noch über eine wenig ausgeprägte Persönlichkeit verfügen. Das ist angesichts ihres jungen Alters völlig normal, doch sie treffen nun in unseren Schulen immer häufiger auf strenggläubige Muslime aus arabischen Ländern und so scheinen religiöse Themen immer mehr Platz im Schulalltag einzunehmen.

Als Lehrer hat man das Gefühl, dass der Fastenmonat grundsätzlich in die heißeste Zeit des Jahres fällt und dass auch die bereits erwähnten Bundesjugendspiele aus irgendwelchen Gründen immer in dieser Zeit stattfinden. Und so befindet man sich jedes Jahr aufs Neue in der Situation, zerrissen zu werden zwischen dem eigenen Anspruch, die Religionsfreiheit zu respektieren und jeden Schüler seinen Glauben nach seiner Auslegung leben zu lassen, und der Aufgabe, sich natürlich um das persönliche Wohlergehen der Schüler zu kümmern. Inzwischen ist es nämlich alles andere als ungewöhnlich, wenn Schüler in der Klasse sitzen, die während des Ramadans den ganzen Tag nichts essen und trinken und außerdem völlig übernächtigt sind, weil sie sich die Nacht um die Ohren geschlagen haben, da nur dann das Essen und Trinken erlaubt ist. An ein konzentriertes Arbeiten mit diesen Kindern ist nicht zu denken, vom Sportunterricht ganz zu schweigen.

Darüber hinaus sorgen die fastenden Kinder auch immer wieder für Konflikte. Wenn ihnen nämlich einfällt, dass die nichtfastenden Mitschüler ebenfalls nichts essen oder trinken sollten, da jede Form der Nahrung »haram« sei. Als »haram« bezeichnen muslimische Schüler alles, was laut religiöser Vorschrift verboten ist. Im Ge-

genzug dazu ist alles »halal«, was ihnen laut ihrer Religion erlaubt ist, also zum Beispiel Gummibärchen ohne Gelatine, weil Gelatine aus Schweineknochen hergestellt wird.

Immer häufiger beobachten wir einen offensiven Umgang der Schüler mit der Fastenzeit. Im Austausch mit den Kollegen merkten wir, dass uns allen diese Entwicklung Sorge bereitet. Insofern waren wir sensibilisiert, als sich die Klagen von Mitschülern häuften, die erzählten, dass sie von anderen dazu aufgefordert wurden, ihre Brote und Getränke wegzupacken, um sie nicht in Versuchung zu führen, doch etwas zu essen oder zu trinken, denn muslimische Schüler sehen sich im Recht, da sie doch lediglich ihren Glauben ausleben in einem Land, das Religionsfreiheit im Grundgesetz verankert hat.

Dennoch muss man in solchen Situationen eine ganz klare Haltung zeigen, wenn man Kindern aus den unterschiedlichsten Kulturen vorleben will, was es bedeutet, in einem Land zu leben, das Staat und Kirche trennt. Wenn man das Gespräch sucht, fällt auf, dass den meisten Schülern glasklar ist, was diese Trennung bedeutet, wenn es darum geht, ihren eigenen Glauben auszuleben. Dass sie in einem Land leben, in dem Religionsfreiheit herrscht, betonen sie in jeder Situation, in der sie diese Bemerkung für angebracht halten. Dass diese Religionsfreiheit nicht bedeutet, dass sie an muslimischen Feiertagen nicht am Schulschwimmen oder an der Klassenarbeit teilnehmen oder eine Runde Extraferien haben, ist vielen oft nicht klar. Die Ansätze, mit den muslimischen

Schülern darüber ins Gespräch zu kommen, enden oft in der vorwurfsvollen Bemerkung: »Sie sind ja voll rassistisch, Frau Wöllenstein.«

Im Austausch mit den Kollegen bestärken wir uns darin, an diesem Thema dranzubleiben und uns nicht von solchen Provokationen abhalten zu lassen, diese Probleme immer wieder anzusprechen. Die Schüler sollen ein Bewusstsein für Religionsausübung in einem säkularisierten Land bekommen. Die Trennung von Staat und Kirche hat Auswirkungen darauf, wie Glauben im öffentlichen Raum ausgeübt wird. Das müssen sie verstehen und letztlich müssen sie auch zum Nachdenken angeregt werden über ihre eigene Vehemenz, mit der sie religiöse Traditionen im Schulleben kommunizieren.

In einem Gespräch über die Trennung von Staat und Kirche beziehungsweise Religion verorteten meine Hauptschüler der achten Klasse Vorschriften zum Essen, zu Gebeten und dem Verhalten gegenüber ihren Mitmenschen ganz klar in den Einflussbereich der Religion. Alle bürokratischen Vorgänge wie das Pass- und Meldewesen, Rathäuser und Entscheidungen darüber, ob und wo Spielplätze gebaut werden, seien ganz klar von staatlicher Seite geregelt. Und eben auch die Schule und die dort stattfindende Bildung.

Nachdem ich dies mit meiner Klasse herausgearbeitet hatte, versuchte ich mit den Schülern zu klären, was diese Trennung für ihren Alltag bedeutete. Nach einer Veranschaulichung an der Tafel dämmerte ihnen, dass Schule eine staatliche Institution und Religion Privatsache ist, die Kinder also trotz der Fastenzeit vollumfänglich am Schulgeschehen teilzunehmen haben.

Natürlich lief es nicht ganz so reibungslos ab, wie es sich nun vielleicht anhört, denn selbstverständlich gab es hitzige Diskussionen darüber, welcher Teil den Schülern wichtiger war, der staatliche oder der religiöse. Spontan erklärten einige, dass dies für sie eindeutig die Religion sei, auch wenn sie bei näherer Betrachtung natürlich zu dem Schluss kamen, dass ein guter Schulabschluss für eine berufliche Zukunft wesentlich bedeutsamer ist als eine durchgehaltene Fastenzeit. Dieses Argument war es dann auch, das bei den meisten einen Denkprozess anregte, denn dass ein guter Job und das damit einhergehende Einkommen womöglich für ein gutes Leben nicht ganz zu ignorieren sind, leuchtete ihnen ein.

Solche Gespräche über Religion und religiöse Pflichten im alltäglichen Leben gehören inzwischen zum Alltag eines Lehrers und es ist ebenfalls unsere Aufgabe, für Aufklärung zu sorgen, wenn es um religiöses Basiswissen über die eigene Religion geht. So erzählte mir eine befreundete Kollegin halb belustigt, halb sauer, dass in ihrem Ethikkurs, der zu 100 Prozent aus bekennenden Muslimen besteht, die ihre Religion gerne stolz vor sich hertragen, niemand wusste, warum das Opferfest gefeiert wird, obwohl es das höchste islamische Fest ist. Das Paradox, das sich hier auftut, dass nämlich eine bekennend atheistische Lehrerin den muslimischen Schülern ihren eigenen Feiertag erklären muss, fällt den Schülern nicht wirklich auf.

Gern werde ich in dem Zusammenhang von Bekannten darauf hingewiesen, dass die meisten Menschen, die einen christlichen Hintergrund haben, auch nicht wissen, was wir an Ostern oder gar Pfingsten feiern – so weit, so richtig. Diese Menschen neigen aber in der Regel nicht dazu, andere Menschen im Namen ihrer Religion maßregeln zu wollen.

Genau das passiert aber, wenn muslimische Mitschüler hohe religiöse Maßstäbe an ihre Klassenkameraden legen und ihnen vorschreiben wollen, was »halal« und was »haram« ist. Das muss sich nicht unbedingt auf Essensvorschriften beziehen. Es kommt auch vor, dass Schüler sagen, dass das T-Shirt einer Schülerin haram sei, weil es zu weit ausgeschnitten ist, oder dass sie ein Mädchen mit Kopftuch anherrschen, weil eine Haarsträhne zu sehen ist und das in ihren Augen eine Sünde ist. Hinzu kommt, dass manche Schüler meinen, die Erfüllung der religiösen Pflichten sei wichtiger als die Teilnahme am Unterricht.

Ein weiteres Problem ist auch, dass fastende Schüler die Mitschüler dafür verantwortlich machen wollen, dass sie sich selbst nicht an die auferlegten religiösen Pflichten halten können. Frei nach dem Motto: »Ich hätte ja gerne gefastet, aber Sandy hat vor mir Wasser getrunken.«

Inzwischen gibt es glücklicherweise Formulierungshilfen, denn auch die Politik hat inzwischen erkannt, dass es notwendig geworden ist, solche Gespräche zu führen und diese in die richtigen Bahnen zu lenken. Die derzeitige Familienministerin Franziska Giffey hat beispielsweise in

Zusammenarbeit mit Imamen, Kindertagesstätten, sozialen Einrichtungen und Schulen die »Neuköllner Empfehlungen im Ramadan« erarbeitet. Diese umfassen zwölf Punkte, wie sich Fastende während des Ramadan verhalten sollten und geben zudem Hinweise und Hilfestellungen im Umgang mit fastenden Schülern.[15]

Besonders spannend ist Punkt 10 der Empfehlungen, in dem es heißt: »Fasten heißt, gottgefälliges Verhalten einzuüben. Wer fastet und gleichzeitig flucht, schlägt, spuckt und andere nicht respektiert, verstößt gegen den Sinn des Fastens.«

Als ich die »Empfehlungen im Ramadan« mit meinen Schülern nicht nur besprach, sondern sie auch im Klassenraum aufhing, waren die meisten gerade bei diesem Punkt regelrecht geschockt. Sofort herrschte eine unglaubliche Aufregung. Ob sie denn auch gesündigt hätten, wenn sie gar nicht gewusst hätten, dass sich der Ramadan nicht nur auf Essensvorschriften, sondern auch auf das eigene Verhalten beziehe. Mich irritierte und erstaunte diese eigenwillige Art, die Dinge zu betrachten.

Keiner meiner Schüler fühlte sich ertappt oder hinterfragte das eigene Verhalten, nun, da schwarz auf weiß an der Wand hing, dass andere zu beleidigen, zu bespucken oder zu schlagen kein gottgefälliges Verhalten ist. Vielmehr kreisten die Sorgen nur um die eigene Person. »Bekomme ich Ärger mit Allah, wenn ich gar nicht gewusst habe, dass ich andere nicht schlagen darf?«, fragte ein Schüler aufgeregt. Fassungslos stellte ich die Gegenfrage: »Du gehst in die achte Klasse und weißt nicht, dass es kein gutes Benehmen ist, andere Menschen zu schlagen, zu bespucken oder zu beleidigen?«

Man konnte dem Schüler ansehen, dass ihn diese Frage verwirrte. Eine ähnliche Geschichte erzählte eine Kollegin: Ein Schüler warf einer Mitschülerin vor, dass sie Gummibärchen mit Gelatine gegessen hätte. Er unterstellte ihr damit einen Lebenswandel, der nach muslimischer Ansicht »haram« ist. Die Schülerin war wirklich verunsichert. Meine Kollegin fragte sie darauf, ob Allah nichts Besseres zu tun hätte, angesichts der vielen Kriege auf der Welt, als ein 13-jähriges Mädchen zu bestrafen, weil es Gummibärchen mit Gelatine gegessen habe. Allah sei sicher froh, dass sie genug zu essen habe und in die Schule gehen könne. Die Schülerin wirkte nach dieser Aussage sichtlich erleichtert, aber der Schüler war sehr sauer auf meine Kollegin, die mit solchen Aussagen seine Autorität untergrub.

Ob das der erste Schritt zu einer Erkenntnis ist, die sich auf das Verhalten von Schülern auswirkt, darauf kann ich nur spekulieren. Ich hoffe es jedoch. Man braucht Hoffnung, wenn man noch 25 Jahre als Lehrerin arbeiten möchte.

Dass ich den Ramadan in der Klasse überhaupt thematisiert habe, hat meine Schüler gleichermaßen überrascht und gefreut. Ich erklärte ihnen, dass ich schon seit einiger Zeit das Gefühl hatte, über die Fastenzeit sprechen zu müssen. Aus Aufklärungsgründen und weil ich den Eindruck gewonnen hatte, dass einige Schüler die Fastenzeit als eine Art Freifahrtschein einsetzten, um nicht am Sportunterricht teilnehmen zu müssen oder sie als Ausrede für fehlende Hausaufgaben oder fürs Zuspätkommen nutzten. Darüber hinaus ist es ein gutes Forum, in dem die Schüler über diesen Teil ihrer Identität sprechen können. Sie fühlen sich dann eher angenommen, so wie sie sind, und müssen das weniger im Konflikt einfordern. Und tatsächlich platzte es aus einem der Schüler heraus, dass er es schon immer lustig gefunden hätte, dass man für das Opferfest eine Schulbefreiung bekommen könnte, da man ja ohnehin sehr, sehr früh in der Moschee sei und es zeitlich ganz locker in die Schule schaffen könne. Dieser Schüler war tatsächlich einmal am Opferfest mit Verspätung in den Englischunterricht hineingeplatzt, obwohl er eine Schulbefreiung für den Tag abgegeben hatte. Er setzte sich damals kichernd auf seinen Platz und murmelte: »Zu Hause war es so langweilig.«

Und plötzlich ist da wieder die andere Seite. Diese wunderbar ehrliche und unverstellte Art meiner Schüler, die sie so liebenswert macht. Die zeigt, dass sie lediglich das machen, was Kinder tun, wenn sie merken, dass sie eine Situation zu ihren Gunsten ausnutzen können: Sie holen das Beste für sich heraus. Denn trotz allem darf man nicht vergessen, dass man über Kinder spricht. Und in einem Punkt sind alle Kinder gleich, egal aus welchem Kulturkreis sie stammen: Sie werden immer versuchen, das Bestmögliche für sich herauszuholen. Und zwar so lange, bis jemand laut und deutlich Stopp sagt, weil er auf lange Sicht weiß, dass es dem Kind nicht guttun würde, wenn es Situationen in dieser Weise für sich ausnutzt.

LEHRER OHNE LOBBY – SCHÜLER OHNE CHANCE?

»Wenn ich in Syrien zu Hause etwas angestellt habe, haben mir meine Eltern gedroht: ›Hör auf, sonst sagen wir das deinem Lehrer.‹ Wenn ich in Deutschland in der Schule etwas anstelle, sagen die Lehrer: ›Hör auf, sonst schreibe ich eine Aktennotiz und rufe deine Eltern an.‹«

»Können Sie da überhaupt noch unterrichten, Frau Wöllenstein?«

»Unterm Strich, wie viel Zeit bleibt Ihnen für echten Unterricht?«

»Fehlt Ihnen da manchmal der Respekt?«

Da sitzt man nun also als Lehrerin in der Talkshow von Markus Lanz und spürt, dass man nicht genug Zeit haben wird, um solche Fragen so zu beantworten, dass man nicht einen ganzen Berufsstand diskreditiert. Denn ja, wir unterrichten. Und zwar täglich. Immer. Denn wann nennt man denn Unterricht ›echten Unterricht‹? Immer dann, wenn man Grammatik erklärt oder eine Formel an die Tafel schreibt? Oder immer dann, wenn Schüler etwas für ihr späteres Leben mitnehmen? Für solche Feinheiten ist der Fernsehtalk nicht gemacht. Also nehme ich die letzte Frage und sage: »Ja, manchmal fehlt mir der Respekt«, um dann abbiegen zu können zu einer gesellschaftlichen Schieflage, die mir schon lange auf der Seele brennt. Doch auch das funktioniert nicht. Es geht doch sofort wieder um Eltern und Schüler und deren Respekt mir gegenüber. Doch der ist grundsätzlich da, wie das vorangestellte Zitat zeigt, denn für viele Eltern mit Migrationshintergrund steht außer Frage, dass man vor Lehrpersonen Respekt hat.

Ich hätte anders antworten müssen. Ich hätte sagen müssen: »Herr Lanz, Sie verwechseln Respekt und Disziplin. Meine Schüler haben Respekt vor mir, aber sie sind nicht diszipliniert, weil sie Kinder sind, die unter oftmals schwierigen Bedingungen aufwachsen und für die das Erlernen einer Arbeitshaltung schon der erste wichtige Unterrichtsinhalt ist. Sich auf den Unterrichtsinhalt zu konzentrieren und sich zu melden, wenn man Hilfe braucht, und nicht bei jeder Kleinigkeit aufzuspringen und durch den Klassenraum zu laufen, haben viele meiner Schüler noch nicht gelernt. Doch leider fehlt mir der gesellschaftliche Rückhalt, um manch notwendige Maßnahme bei einzelnen Schülern durchzusetzen, damit alle lernen können.«

Ich habe es nicht gesagt, weil einem die richtig guten Antworten ja meistens zu spät einfallen, hier sollte aber nicht unter den Tisch fallen, welche gesellschaftlichen Strukturen es uns Lehrern schwer machen, Schülern eine angemessene Arbeitshaltung zu vermitteln. Das hört sich zunächst gestelzt an und vermittelt den Eindruck, als wolle ich in erster Linie freie Hand haben, um Schüler nach Herzenslust zu bestrafen, doch darum geht es nicht. Es geht darum, Schülern, die massiv den Unterricht stören, konsequent zu begegnen, weil sie, nur wenn sie die Konsequenzen des eigenen Handelns spüren und nachvollziehen können, im Idealfall eine Verhaltensänderung vornehmen. In meinen Augen notwendige pädagogische Konsequenzen können aber nicht mehr oder nur zeitverzögert durchgesetzt werden.

Ich habe bereits seit längerer Zeit den Eindruck, dass uns Lehrern ein gewisser gesellschaftlicher Rückhalt fehlt, sei es eine Art Lobby oder auch nur das Gefühl zu wissen, dass die Öffentlichkeit unseren Berufsstand wertschätzt und uns zutraut, einen guten und professionellen Job zu machen.

An dieser Stelle soll nicht die seinerzeit von Gerhard Schröder angestoßene Debatte über die Lehrer als »faule Säcke« aufgewärmt werden, die damals unter Lehrern für viel Empörung sorgte und in der Gesellschaft mehrheitlich großen Anklang fand. Ich möchte lediglich darauf hinweisen, dass sich schon da zeigte, wie es um das Bild des Lehrers in der Öffentlichkeit bestellt ist. Wir haben vormittags Recht und nachmittags frei, verdienen gutes Geld und haben zwölf Wochen Urlaub im Jahr. Manchmal frage ich mich, wieso unter diesen Bedingungen nicht alle Menschen Lehrer werden möchten und warum es überhaupt einen Lehrermangel gibt.

Natürlich hat jeder Beruf mit Vorurteilen zu kämpfen, und Lehrer zu sein empfinde ich tatsächlich als wesentlich

angenehmer, als beispielsweise bei Minusgraden Stahlträ-
ger zusammenzuschweißen. Man muss sich in vielen Ar-
beitsbereichen damit abfinden, dass es Menschen gibt, die
auf den Beruf schielen und sagen, dass er wesentlich leichter sei als der eigene, besser bezahlt wird oder gar von jedem ausgeübt werden kann. Ich behaupte aber, dass die
fehlende Lobby für Lehrer gesellschaftliche Auswirkungen hat, die wir nicht zulassen dürfen, weil sich die soziale
Schere sonst weiter öffnet.

Wirklich problematisch wird es nämlich dann, wenn
engagierte Eltern oder auch Politiker ohne Einblick in
den Schulalltag die Regeln in der Schule diktieren, weil sie
uns nicht mehr zutrauen, pädagogisch richtige Entscheidungen zu treffen und diese Regeln dann flächendeckend
für alle Schulen gelten sollen. Die Tendenz, Einfluss auf
Schule nehmen zu wollen, ohne einen realistischen Einblick zu haben, erlebt man auch manchmal auf Fortbildungen. Da kann es durchaus passieren, dass man sich auf
einer Veranstaltung zur Radikalisierungsprävention in einem Workshop wiederfindet, der Lehrern empfiehlt, doch
bitte besonders früh ein Demokratieverständnis in der
Klasse anzubahnen. Das wird dann wie eine völlig neue
Idee präsentiert, obwohl in den einzelnen Schulcurricula,
also auch in den jeweiligen Lehrplänen der Länder, Bau-
steine zum Aufbau eines Demokratieverständnisses und
Partizipation längst implementiert sind. So etablieren wir
den Klassenrat, führen Mediationstage, Tage zum sozialen
Lernen, Präventionstage zum Thema Gewalt und Cybermobbing oder Sucht durch, und erfahren dann auf teuren

Fortbildungen, dass es eine gute Idee wäre, soziales Lernen auf diese Art voranzutreiben, um Radikalisierung entgegenzuwirken. Das ist ungefähr so, als würde man einem Chirurgen zur Eindämmung von postoperativen Infektionen vorschlagen, sich vor einem Eingriff die Hände zu waschen, sich sterile Handschuhe anzuziehen und die Haut des Patienten zu desinfizieren.

Vor allem zeigen solche gut gemeinten Tipps jedoch, dass das, was in der Schule wirklich passiert, nicht übereinstimmt mit dem, was Außenstehende sich vorstellen. Dennoch nimmt der Einfluss von außen zu, weil wir in einer Demokratie leben. Dann werden z.B. politische Entscheidungen getroffen, die in Schulen umgesetzt werden sollen und die an den Bedürfnissen vieler Schulen und vor allem vieler Schüler vorbeigehen. Das geschieht, weil vernachlässigt wird, dass nicht alle neuen Regelungen, die vonseiten der Politik an uns herangetragen werden, in jeder Schule pädagogisch sinnvoll sind, und weil wir als Lehrpersonen nicht gefragt werden.

In den letzten Jahren wurden immer wieder neue Verordnungen herausgegeben, nach denen wir uns zu richten hatten, und nur selten hatte ich den Eindruck, dass bei diesen der pädagogische Nutzen im Vordergrund stand. Vielmehr waren es die Interessen der Politik oder der Eltern, die so lange Druck auf das Schulamt ausgeübt hatten, bis man schließlich nachgab.

Der Ansatz, Eltern in die Entscheidungsprozesse nicht nur einzubinden, sondern ihnen Mitspracherecht und Entscheidungsbefugnisse zuzugestehen, ist absolut lobenswert und im Prinzip auch richtig. Dieser gut gemeinte Vorsatz nimmt allerdings in der Realität immer absurdere Ausmaße an, und vor allem muss man überlegen, welche Eltern es sind, die sich da für ihre Kinder starkmachen. Denn die Eltern meiner Schüler haben oftmals weder die Zeit noch die sprachlichen Mittel, sich für die schulischen Belange ihrer Kinder starkzumachen.

Bei uns sehen allein die Elternbeiratswahlen in der Klasse schon so aus, dass ich mit den drei bis vier Eltern, die tatsächlich zum Elternabend gekommen sind, eine Beiratswahl lediglich durchführen kann, wenn ich ihnen hoch und heilig verspreche, dass ich niemals etwas von ihnen verlangen werde, außer dass sie ihren Namen auf einen Wahlzettel schreiben, der dann im Schulsekretariat abgegeben wird. Ein Engagement, das darüber hinaus-geht, kann ich von ihnen nicht erwarten, weil sie damit schlichtweg überfordert wären. Sie haben oftmals nicht nur zwei Kinder zu Hause, sondern vier oder manchmal sogar sieben. Sie sprechen nicht flüssig Deutsch und sind wirtschaftlich nicht gut gestellt. Oft sitzen bei solchen El-ternabenden dann die Mütter meiner Schüler mit dem jüngsten Kind auf dem Schoß, während ein anderes da-neben malt und mein Schüler zum Übersetzen auf der an-deren Seite sitzt. Diese Mütter wollen und geben ihr Bes-tes für ihre Kinder. Sich bei der täglichen Belastung noch im Elternbeirat oder geschweige denn im Stadtelternbei-rat, also dem Gremium, dass dann tatsächlich seine Wün-sche an das Stadtschulamt weitertragen kann, zu engagie-ren, übersteigt selbstverständlich ihre Kapazitäten.

Somit stellt sich die Frage, ob ein Stadtelternbeirat tatsächlich einen Querschnitt der Schülerschaft spiegelt oder ob dort in erster Linie Eltern der Mehrheitsgesellschaft sitzen, die verständlicherweise das Wohl ihrer eigenen Kinder im Blick haben und dabei übersehen, dass andere Schüler eventuell andere Bedürfnisse haben.

Um ein paar Beispiele zu geben, gehe ich zurück in meine Schulzeit. Da war es relativ normal, Schülern, die den Unterricht störten, eine kurze Auszeit vor der Tür zu gönnen, damit sie im Anschluss dem Unterricht wieder folgen konnten, und vor allem und in erster Linie, damit die Klasse weiterlernen konnte. Heute ist das eine Verletzung der Aufsichtspflicht und ich bin gezwungen, den Schüler entweder selbst zur Schulleitung zu bringen oder so lange im Klassenraum zu erdulden, bis die Pause anfängt, um danach eine Aktennotiz zu schreiben und die Eltern zu informieren. Wo ich früher noch störende Schüler nachsitzen lassen konnte, ist das heute Freiheitsberaubung und muss, wenn ich es überhaupt als pädagogische Maßnahme einsetzen möchte, mindestens einen Tag vorher bei den Eltern angekündigt werden.

Das heißt allerdings, dass ich Schüler niemals am selben Tag nachsitzen lassen kann, obwohl genau diese Konsequenz so wichtig wäre, weil Kinder den direkten Bezug zur Konsequenz ihres Handelns brauchen und nicht erst am Freitag in der siebten Stunde, wenn sie am Donnerstag den Unterricht gestört haben.

Hatte ich vor ein paar Jahren als Lehrerin vor, einen Schüler aufgrund massiven Fehlverhaltens zu suspendieren, so war dies meine Entscheidung. Ich musste sie begründen, konnte diese Suspendierung aber in Absprache mit der Schulleitung entscheiden. Inzwischen ist der Weg deutlich komplizierter geworden.

Will ich heute einen Schüler suspendieren, so muss ich bereits im Vorfeld Aktennotizen über das Fehlverhalten erstellen und sammeln. Zusätzlich muss ich die Eltern des betroffenen Schülers telefonisch oder schriftlich darüber informieren, dass ihre Tochter oder ihr Sohn kein besonders beispielhaftes Verhalten an den Tag legt. Haben die Eltern dies zur Kenntnis genommen, kann ich eine Klassenkonferenz einberufen, zu der ich die Eltern jedoch mindestens eine Woche vorher schriftlich einladen muss. Das Ergebnis dieser Klassenkonferenz kann dann die Suspendierung des betroffenen Schülers beim nächsten Fehlverhalten sein.

Wohlgemerkt: Es geht bei diesem Beispiel um eine Suspendierung, die maximal ein paar Tage dauert. Bei einem Schulverweis auf Dauer ist der Fall noch wesentlich komplexer. Vor allem weil in diesem Fall erst einmal eine neue aufnehmende Schule gefunden werden muss, was letztlich oft dazu führt, dass Schüler trotz massiven Fehlverhaltens nicht der Schule verwiesen werden können, weil sich keine andere Schule bereit erklärt, den entsprechenden Schüler aufzunehmen. Da dieser allerdings schulpflichtig ist, bleibt er so lange an der Stammschule, bis sich eine neue Schule gefunden hat.

Damit man mich nicht falsch versteht: Ich bin absolut dafür, die Eltern über das Verhalten ihres Kindes zu informieren, sodass diese womöglich noch rechtzeitig auf ihr Kind einwirken können, damit es erst gar nicht zu einer Suspendierung kommt. Mich stört nur der dringend einzuhaltende bürokratische Weg, der mitunter so langwierig ist, dass der Schüler am Ende vergessen hat, warum er überhaupt bestraft wird.

Dazu kommt, dass die Aktennotizen und Anrufe bei den Eltern meiner Schüler nicht die erwünschte Wirkung haben. Während Eltern, die unser Schulsystem begriffen haben, solche Frühwarnsysteme im Idealfall nutzen, um rechtzeitig auf ihr Kind einzuwirken, verstehen diese Eltern oft gar nicht, warum sie die Aktennotizen gegenzeichnen sollen oder was ich ihnen am Telefon erklären möchte.

Dabei liegt dies nicht einmal an Desinteresse, jedenfalls keines ihren Kindern gegenüber. Natürlich sollen die Kinder fleißig zur Schule gehen und etwas lernen. Aber die Verantwortung für den Lernprozess verorten viele Eltern meiner Schüler ganz klar und ausschließlich bei der Schule, weil sie das aus ihren Heimatländern so kennen. In Syrien oder Bulgarien sind Lehrer absolute Respektspersonen, die ihren Beruf ohne Rücksprache mit den Eltern auch im Bereich von pädagogischen Maßnahmen ausüben können.

Als ich mich einmal mit meinem syrischen Schüler über seine Schulzeit in Syrien unterhielt, erzählte er mir, wie seltsam es für ihn war, in Deutschland mit den Worten verwarnt zu werden: »Wenn du so weitermachst, dann schreib ich eine Aktennotiz und rufe deine Eltern an.« Er erklärte, in Syrien sei es genau umgekehrt gewesen. Wenn er zu Hause etwas angestellt habe, hätten die Eltern gedroht, den Lehrer anzurufen. Für mich war das eine interessante Information, denn das bedeutet, dass auch viele andere Eltern mit meinen Anrufen nichts anfangen können. Sie fragen sich dann lediglich, warum ich nicht konsequent gegen das Fehlverhalten vorgehe.

Es gab auch schon Eltern, die Kollegen beim Elterngespräch sagten: »Sie dürfen alles mit meinem Kind machen. Auch schlagen.« Natürlich dürfen wir das nicht, und vor allem wollen wir das nicht. Wir möchten allerdings wieder die pädagogische Handlungshoheit in Schulen haben.

Die Befugnisse, die ich als Lehrerin habe, um Lernprozesse zu begleiten, werden weniger und das darf nicht sein. Denn pädagogische Maßnahmen, um Schülern eine angemessene Lernhaltung zu vermitteln und um den anderen Schülern Unterricht zu ermöglichen, gehörten schon immer zum Aufgabengebiet eines Lehrers dazu. Sie sind ein wichtiger Bestandteil im Bereich des sozialen Lernens, und wenn uns in diesem Bereich die Hände gebunden werden, leiden in erster Linie Schüler aus Elternhäusern, die unser Schulsystem nicht kennen oder nicht verstehen.

Elternhäuser, die sich als Partner der Schule sehen und mit den Lehrern Hand in Hand arbeiten, gehen mit der Information, dass das Kind massiv den Unterricht gestört hat, sicher konstruktiv um. Sie erklären, warum so ein Verhalten in der Schule unangemessen ist, besprechen, was passiert, wenn die Schule sich wieder meldet und sorgen dafür, dass das Kind die von den Lehrern angeordneten Konsequenzen akzeptiert.

So entsteht eine Diskrepanz zwischen den Schülern, deren Eltern die Strukturen unseres Schulsystems verstanden haben und es nutzen, um ihre Kinder optimal zu fördern, und den Schülern aus Elternhäusern, die Schule kulturell anders verstehen und in denen diese bürokratisierten Strukturen dazu führen, dass die Kinder anfangen, das System für sich auszunutzen, ohne dass die Eltern begreifen, warum sich das letztendlich negativ auf die schulische Karriere ihres Kindes auswirkt.

Was also die Schüler vormals vor der Willkür einzelner Lehrer schützen sollte, führt inzwischen dazu, dass manche Schüler permanent durch die Maschen rutschen, nie wirklich die Konsequenzen ihres Verhalten spüren, sich in einer negativen Abwärtsspirale befinden und oft hinter ihren eigentlichen Möglichkeiten zurückbleiben, weil wir ihnen kein angemessenes Arbeitsverhalten vermitteln können.

Das auch die anderen Schüler nicht uneingeschränkt von dieser Demokratisierung der Schule profitieren, ist die andere Seite der Medaille. Denn auch Eltern, die ihre Kinder während der gesamten Schulzeit unterstützen, können dabei über das Ziel hinausschießen, wenn sie das in einer Art und Weise tun, die den Kindern nicht mehr guttut. Ich möchte weder verallgemeinern noch falsch verstanden werden. Es gibt vermutlich keine Lehrperson, die es ablehnt, wenn Eltern nur das Beste für ihr Kind wollen, allerdings muss die Verhältnismäßigkeit stimmen, und diese scheint mir bereits seit Langem aus dem Gleichgewicht geraten zu sein. Aufgrund der massiven Einmischungen,

Beschwerden und auch gerichtlichen Klagen mancher Eltern gerät man als Lehrer inzwischen sehr schnell in ein Minenfeld, wenn man auch nur die kleinsten Dinge entscheiden oder organisieren will.

So ist es Lehrern mittlerweile verboten, ein Klassenkonto einzurichten, auf dem beispielsweise Geld für eine Klassenfahrt gesammelt werden soll. Inzwischen geht dies nur noch auf einem offiziellen Schulkonto, auf das allein die Schulleitung oder ein demokratisch bestimmter Elternteil Zugriff hat. So soll nicht nur sichergestellt werden, dass der Lehrer nicht etwa sein neues Auto mit den Klassenfahrtsbeiträgen vorfinanziert, sondern in erster Linie auch Lehrpersonen davor schützen, Probleme zu bekommen, falls das Konto gehackt wird oder unrechtmäßig Gelder abgebucht werden.

Im Prinzip ein nachvollziehbarer Gedanke, möchte man meinen, und letztlich für uns Lehrkräfte auch eine Sicherheit, falls doch einmal etwas passiert. Da die Überwachung von 18 bis 22 Klassenkontos für eine Schulleitung aber eine unlösbare Mammutaufgabe wäre, würde die Betreuung und Überwachung der einzelnen Geldein- und -ausgänge einem Elternteil obliegen. In vielen Schulen findet sich vermutlich ein Vater oder eine Mutter mit Lust und Muße, die Zahlungseingänge der anderen Eltern zu überwachen und notfalls säumige Zahler mit einem kurzen Anruf zu erinnern.

In meiner Klasse funktioniert ein solches System nicht. Diese Aufgabe der Schulleitung zu übertragen ist allerdings illusorisch, denn sie müsste ja nicht nur ein Klassenkonto im Blick haben. Also müsste sich der Vater oder die Mutter eines meiner Schüler um dieses Konto kümmern. Wenn man nun meine Klasse als Beispiel nimmt, die an unserer Schule kein Sonderfall ist, sprechen wir da von 21 Schülerinnen und Schülern, von denen lediglich vier Schüler keinen Migrationshintergrund haben. Des Weiteren gibt es sieben Schüler mit deutschem Pass, die russische, albanische oder türkische Wurzeln haben und deren Eltern keine deutschen Muttersprachler sind. Die anderen Schüler sind seit drei bis fünf Jahren in Deutschland und kommen aus Syrien, Bulgarien, Somalia und Polen. Die Führung eines Klassenkontos würde sie schlichtweg überfordern, da die Kommunikation unter den verschiedensprachigen Eltern schwierig ist und Deutsch als gemeinsame Sprache nicht ausreichend beherrscht wird. Somit würde man die ohnehin zeitaufwändige Kommunikation verkomplizieren, indem mir das Elternteil, das das Klassenkonto führt, Bescheid sagen müsste, welche Zahlungen noch nicht eingegangen sind, damit ich wiederum beim Amt oder bei den jeweiligen Eltern anrufen kann, um nachzuhaken. Ganz abgesehen davon, dass die Eltern normalerweise auch nicht möchten, dass bekannt wird, welche Familie von Bildung und Teilhabe, einem Programm der Regierung, das finanziell schlechter gestellten Familien Geld für schulische Aktivitäten zur Verfügung stellt, finanziert wird und welche sogenannte »Selbstzahler« sind.

Gerade in solchen Situationen werden auch die sprachlichen Barrieren deutlich, denn man kann nicht selbstverständlich davon ausgehen, dass jemand, der bereits seit einigen Jahrzehnten hier lebt, auch automatisch fließend Deutsch spricht. Und so bleibt am Ende das Führen eines solchen Kontos doch einem Lehrer überlassen, der dies inzwischen allerdings nicht mehr offiziell tun darf, oder aber man verzichtet auf Klassenfahrten und macht nur noch kleinere Ausflüge, für die man das Geld in bar einsammeln kann. Dass ausgerechnet ein Verzicht auf Klassenfahrten für meine Schüler fatal wäre, versteht sich von selbst, denn gerade für Kinder aus Familien mit Migrationshintergrund ist es ein wichtiger Teil der schulischen Entwicklung, an Klassenfahrten teilzunehmen. Dort erleben sie völlig andere Strukturen als zu Hause, kommen auf ganz andere Weise mit ihren Klassenkameraden in Kontakt und bauen Ängste und Vorurteile ab.

Ein weiteres Beispiel dafür, wie massiv politische und elterliche Entscheidungen den Alltag der Lehrer beeinflussen, sind Förderpläne, die seit 2005 verpflichtend als Elterninformation unter bestimmten Voraussetzungen erstellt werden müssen. Lehrpersonen sind verpflichtet, spätestens sechs Wochen vor der Zeugnisausgabe einen solchen Plan zu formulieren, falls dem Kind Noten drohen, die die Versetzung gefährden könnten. Da gibt es unterschiedliche Aspekte, die ein Lehrer dokumentieren muss, bevor es an die eigentlichen Maßnahmen zur Verbesserung der Note geht. Die Lernausgangslage in den betroffenen Fächern und die Situation im Bereich des Arbeits- und Sozialverhaltens müssen beschrieben werden, um die Probleme zu evaluieren. Es müssen aber auch immer die Stärken des Schülers im Förderplan stehen und die Ziele, die es zu erreichen gilt. Die Maßnahmen, mit denen diese erreicht werden sollen, werden ebenso in eine Spalte eingetragen wie der oder die Verantwortlichen, die für die Umsetzung dieser Maßnahme zuständig sind.

Im Bereich von Fachnoten steht dann schon einmal in einem Förderplan, dass die Schülerin in Englisch eine gute Aussprache hat und Texte gut vorlesen kann, ihr Wortschatz aber nicht dem Niveau der Klassenstufe entspricht und sie daher Schwierigkeiten hat, sinnentnehmend zu lesen. Ziel ist dann also die Wortschatzerweiterung auf die gewünschte Klassenstufe und die Maßnahme sind zehn Minuten Vokabeltraining am Tag. Verantwortlich hierfür ist die Schülerin selbst, und man überlegt noch mit ihr, auf welche Art und Weise sie am besten Vokabeln lernt, denn manche Schüler lernen besser mit einem Vokabelheft, andere mit einem Karteikasten oder mit einer App.

Der Förderplan muss dann mit den Eltern besprochen werden, sodass diese genau über den Leistungsstand ihres Kindes und die vom Lehrer vorgesehenen Förderungsmaßnahmen informiert sind. Im Falle des Förderplans in Englisch bespricht man mit den Eltern und der Schülerin also zum Beispiel, dass sie täglich zehn Minuten Vokabeln lernen soll, und heftet den dazu passenden Plan in die Akte. Versäumt man als Lehrer, die Eltern rechtzeitig vorzuwarnen, dass es leistungsmäßig nicht besonders gut um ihr Kind bestellt ist, dann muss der Lehrer das Kind versetzen, ganz gleich, wie viele Fünfen auf dem Zeugnis stehen.

Man kann sich leicht vorstellen, dass auch diese Maßnahme nicht von den Eltern meiner Schüler durchgesetzt wurde, sondern von denen, die es sich leisten können, ihr Kind noch rechtzeitig vor dem Zeugnis in privaten Förderunterricht zu geben. Aus ihrer Sicht ist diese Maßnahme also durchaus sinnvoll.

Für meine Schüler und ihre Eltern sind solche Pläne oft nicht zielführend. Hier ist es allein schon extrem schwierig, einen Gesprächstermin mit den betroffenen Eltern zu bekommen. Viele von ihnen sind zu Hause derart eingespannt, dass sie schlicht nicht die Zeit haben, um in die Schule zu kommen. Oder sie erscheinen tatsächlich, verstehen aber nicht, was ich von ihnen will, da sie sich entweder nicht zuständig fühlen und Bildung für sie allein Sache der Schule ist, oder weil sie schlicht und ergreifend nicht genug Deutsch sprechen. Dass dann die eigene Tochter oder der eigene Sohn den Dolmetscher spielen muss, führt hin und wieder auch zu ganz eigenwilligen Gesprächen. Ganz abgesehen davon, dass ich nie sicher sein kann, ob das, was ich berichte, auch exakt so weitergeleitet wird.

Dennoch muss ich mich an die formalen Vorgaben halten und sitze mitunter Stunden an bis zu 23 Förderplänen pro Halbjahr und deren Besprechung, obwohl diese Zeit viel besser in die Vorbereitung von gutem und differenziertem Unterricht und einem Gespräch mit dem betroffenen Schüler investiert wäre oder aber, um beim Beispiel des Englisch-Förderplans zu bleiben, man würde einfach jede Woche einen Vokabeltest schreiben, den ich korrigiere und benote, damit die Schüler direkt eine Rückmeldung zur Wortschatzerweiterung bekommen, die sie verstehen. Doch auch das ist nicht mehr erlaubt, weil ich nur eine bestimmte Anzahl an solchen benoteten Leistungsüberprüfungen durchführen darf. Also müssten viele Vokabeltests unbenotet bleiben und dann ist es den Schülern in der Regel egal ob sie die Vokabeln gelernt haben oder nicht.

Besonders bizarr sind dann auch die weiteren Konsequenzen, die solche Regelungen unweigerlich haben. Letztlich ist es nämlich nur allzu menschlich, dass man als Lehrer inzwischen dreimal darüber nachdenkt, ob die erbrachte Leistung eine Fünf oder eine Vier ist. Heißt doch eine Fünf für mich unverhältnismäßig viel zusätzliche Arbeit, denn ein Förderplan schreibt sich nicht mal eben so.

Mitunter entscheidet man sich dann für die 15 härtesten Fälle und drückt bei fünf anderen beide Augen zu, weil man es schlicht nicht schaffen würde, 20 Förderpläne zu schreiben und zu besprechen.

An Schulen wie meiner ist es relativ selten der Fall, dass wir aufgrund von Elternklagen wegen fehlender Förderpläne oder vermeintlich ungerechter Noten Schüler versetzen müssen, denn die Eltern achten nicht auf einzelne Inhalte im Förderplan, und wenn man ihn erst einmal unterschrieben und abgeheftet hat, ist man rechtlich auf der sicheren Seite. Zudem kennen und nutzen viele Eltern unserer Schüler die schulrechtlichen Strukturen nicht zum vermeintlichen Vorteil ihrer Kinder.

Doch an Schulen mit Eltern, die bei solchen Förderplänen gerne auf jede Formulierung achten und äußerst unangenehm werden können, wenn sie das Gefühl haben, dass das eigene Kind ungerecht behandelt oder falsch eingeschätzt wird, wird sicherlich die ein oder andere Fünf zur Vier, was dazu führt, dass das gesamte Leistungsniveau sinkt und vermehrt Schüler das Abitur anstreben, deren Leistung eigentlich nicht ausreicht. In der Regel sind das Kinder der Mehrheitsgesellschaft, deren Eltern genug Druck auf das Bildungssystem ausüben. Ob diese Entwicklung positiv ist, darüber können andere entscheiden. Es soll an dieser Stelle lediglich dafür sensibilisiert werden, dass für ein sinkendes Bildungsniveau nicht immer »faule« Lehrer zuständig sind. Im Gegenteil, meistens sind es politische Entscheidungen, die Strukturen demokratisieren sollen und sie zu gefährlichem Bürokratismus verkommen lassen, der letztlich den Schülern schadet und nicht nutzt und bei uns Lehrern dazu führt, dass wir uns die Finger wundschreiben an Aktennotizen und Förderplänen.

Es gibt noch eine Menge weiterer Beispiele dieser Art, die zeigen, dass viel Zeit für administrative Zwecke genutzt werden muss, obwohl sie anderweitig von größerem Nutzen wäre. Natürlich steckt dahinter keine böse Absicht, schließlich wollen interessierte Eltern und verantwortliche Politiker nur die bestmögliche Förderung für ihre Kinder und die Schüler. Die bestmögliche Förderung besteht nur nicht in jedem Einzugsgebiet aus einem Förderplan und unzähligen Aktennotizen. Man kann nicht jede Forderung, die aus der Perspektive mancher Eltern und Politiker als nützlich erscheint, problemlos auf alle Schulen und alle Schüler anwenden. Das ist jedoch genau das, was im Moment passiert. So verhindern neue

Regelungen mitunter pädagogische Prozesse, wenn es um schnelle Reaktionen auf Fehlverhalten geht oder auch um intensiven Austausch mit, und Betreuung von, Schülern mit besonderen Lernvoraussetzungen.

Wichtig ist mir, dass meine Ausführungen hier nicht als »Elternbashing« missverstanden werden. Es gibt bereits Bücher, die sich diesem Phänomen auf humoristische oder sachliche Weise nähern, und ich bin mir sicher, dass 99 Prozent aller Eltern, so unterschiedlich sie auch sein mögen, das Beste für ihre Kinder wollen. Ich möchte hier lediglich die Augen dafür öffnen, dass wir, wenn wir vermeintlich demokratische Prozesse in Schulen vorantreiben, tatsächlich einen Querschnitt aus allen Schulen und von allen Eltern und Schülern berücksichtigen müssen. Schüler aus bildungsfernen Familien brauchen eine andere pädagogische Unterstützung als Schüler mit Eltern, die ihre ganze Kraft und Zeit in die Schulkarriere ihrer Kinder stecken. Und auch bei diesen sollte man sich fragen, ob es nicht pädagogisch sinnvoll wäre, dies in vertretbaren Grenzen zu halten.

Wenn wir uns dieser Tatsache verschließen und Schulgesetze nicht individueller auf die Bedürfnisse der jeweiligen Schülerschaft zuschneiden, indem wir etwa auf das fachliche Urteil der Lehrpersonen vertrauen, die dazu ausgebildet wurden, Schüler optimal in ihrem Lernprozess zu fördern und zu fordern, werden die schulischen Rahmenbedingungen von Eliten gemacht und Schüler aus bildungsfernen Familien geraten weiter ins Hintertreffen.

PARALLELWELTEN – WARUM WIR SIE VERSTEHEN MÜSSEN, ABER NICHT AKZEPTIEREN DÜRFEN

»Mein Vater sagt, im Kinderheim wohnen
Mädchen, die haben ganz lange Fingernägel
und das sind alles Nutten. Wenn ich dahin gehe,
stechen sie mir ihre Fingernägel ins Herz.«

Immer wieder gibt es an Schulen Fälle von häuslicher Gewalt. Diese kommen natürlich nicht nur in Elternhäusern der Schüler mit Migrationshintergrund vor, aber hier stellen wir als Lehrer dieser Schüler in den letzten Jahren einen besorgniserregenden Umgang vonseiten der Behörden mit den betroffenen Familien fest.

Hierbei geht es nicht um einzelne Jugendamtsmitarbeiter. Mit ihnen haben wir sehr gute Erfahrungen gemacht und arbeiten eng mit ihnen zusammen. Dennoch haben auch sie ihre Anweisungen und in besonders schlimmen Fällen von häuslicher Gewalt entscheidet ohnehin das Gericht. Problematisch wird es dann, wenn man an solchen Gerichtsurteilen erkennt, wie weit die Akzeptanz der Parallelwelten schon vorangeschritten ist.

Zwei verschiedene Beispiele, die in den letzten Jahren passiert sind, zeigen das ganz deutlich. In einem Fall ging es um eine Schülerin, die mit ihrer Mutter und den drei Geschwistern in ein Frauenhaus gebracht werden sollte, weil der Vater zu Hause gegen Frau und Kinder handgreiflich wurde und das mehrfach über einen längeren Zeitraum. Die Frauenhäuser in der näheren Umgebung waren allerdings alle überfüllt, als man für die Familie eine Unterkunft suchte, und so brachte man sie zunächst in eine dem ursprünglichen Wohnort viel zu nah gelegene Flüchtlingsunterkunft.

Meine Kollegin, die ebenso im engen Kontakt mit der Schülerin stand, und ich waren geschockt. In einer solchen Situation werden in der Regel bestimmte Maßnahmen ergriffen, die die Familie zum einen vor dem Zugriff des Vaters schützen und sie zum anderen so weit wie möglich auffangen können. Man sorgt zunächst dafür, dass alle Handys ausgeschaltet werden, um den Kontakt zum Vater zu unterbinden, der auch in diesem Fall versuchte, die Mutter und die Kinder zur Rückkehr zu überreden.

In dieser Art patriarchaler Familienstruktur ist es ein Autoritätsverlust des Mannes, wenn Frau und Kinder ihn verlassen. Insofern war das Verhalten seiner Familie für den Vater inakzeptabel, denn wenn in seiner Gemeinschaft bekannt geworden wäre, dass ihm Frau und Kinder davongelaufen sind, wäre das ein Beweis für seine Schwäche gewesen. »Ein türkischer oder kurdischer Ehemann, dem die Frau weggelaufen ist, hat in vielen Fällen der Sippe gegenüber sein Gesicht verloren und wird von ihr ständig mit dieser Schmach konfrontiert.«[16] Das wollte dieser Vater unbedingt verhindern und so bombardierte er Frau und Kinder abwechselnd mit Anrufen und Nachrichten, in denen er einerseits drohte und andererseits die schönsten Versprechungen machte.

Das belastete die ohnehin schon aufgelöste Mutter und ihre Kinder zusehens und die Unterkunft, die ihnen zugewiesen worden war, machte die Situation nicht besser. Normalerweise weist man der Familie in einem solchen Fall ein Zimmer in einer geschützten Umgebung, wie einem Frauenhaus, zu, in dem sie zur Ruhe kommen können, und versorgt sie mit Essen, Windeln und Wechselkleidung. Vor allem würde man es keinem Mann gestatten, das Gebäude zu betreten.

All dies geschieht in einer Flüchtlingsunterkunft natürlich nicht. So konnte der Vater die Kinder über das Handy erreichen und versprach ihnen ein wundervolles Leben, wenn sie nur alle schnellstmöglich zu ihm zurückkämen. Er schwor ihnen, dass sie zusammen mit ihrer Mutter eine eigene Wohnung mit Computern, Fernseher und viel Spielzeug bekommen würden. Daher war es auch nicht verwunderlich, dass sich die ganze Familie nach nur einem Tag wieder auf dem Rückweg zum Vater befand. Er hatte also sein Ziel erreicht.

Was allerdings nicht funktionierte, war, die Strafanzeige zurückzuziehen, die die Mutter am Tag zuvor wegen häuslicher Gewalt gestellt hatte. Zurück im Einflussbereich ihres Ehemannes hätte sie es gern getan, aber das ist bei häuslicher Gewalt nicht möglich, da man inzwischen darauf eingestellt ist, dass Frauen dazu gedrängt werden, Anzeigen gegen ihre Männer fallenzulassen. Der Fall war nun aktenkundig und somit wurde das Jugendamt mit einbezogen.

Hier waren vorher schon von meiner Seite Anzeigen der Kindeswohlgefährdung eingegangen und das Amt für soziale Dienste sollte nun in regelmäßigen Abständen in der Familie nach dem Rechten sehen, bis ein Gutachten über den Zustand der Kinder erstellt worden war. Diese Verfahren sind immer langwierig und es vergeht viel Zeit, in denen die Kinder leiden und sich zunehmend im Stich gelassen fühlen. Erschwerend kommt hinzu, dass die Gutachten zwar oft eine massive Kindeswohlgefährdung attestieren, aber auch den kulturellen Hintergrund des Kindes mit einbeziehen. In der Regel wiegt dieser dann schwerer als die Gefährdung des Kindes, da wohl davon ausgegangen wird, dass diese Kinder nur in ihrer Kultur glücklich werden können.

Ich bin jedes Mal entsetzt, wenn eine solche Entscheidung getroffen wird. Ich kann nachvollziehen, dass man die Lebenswelt der Kinder berücksichtigt. Ich habe über Jahre in meiner Arbeit als Sozialpädagogin mit Kindern aus Familien gearbeitet, die massive Gewalt und Vernachlässigung erfahren haben und die ihre Eltern dennoch liebten und vermissten. Der Mensch ist ein Gewohnheitstier und jedes Kind liebt seine Eltern von Natur aus. Das sind entwicklungspsychologische Tatsachen. Dennoch werden und wurden Kinder aus missbräuchlichen Familienstrukturen in Deutschland in Obhut genommen, weil wir ihr im deutschen Grundgesetz verankertes Menschenrecht auf körperliche und geistige Unversehrtheit über diese Tatsachen stellen. Kommen die Kinder allerdings aus anderen Kulturen, scheint dieses Menschenrecht auf einmal weniger wert zu sein als die jeweiligen Traditionen, die die Familie mit nach Deutschland gebracht hat. Warum ist das so? Welches absurde Verständnis von Kultur steht dahinter?

Der britische Publizist Kenan Malik bringt dieses Problem in seiner Kritik des Multikulturalismus und seiner Gegner sehr gut auf den Punkt, wenn er schreibt:

»Teil des Problems ist eine schwammige Trennung zwischen der Idee vom Menschen als kulturellem Wesen und der Idee, dass jeder Mensch einer bestimmten Kultur angehören müsse. Selbstverständlich kann kein Mensch außerhalb jedweder Kultur existieren. Aber das macht folglich auch niemand. Festzustellen, kein Mensch könne außerhalb jeder Kultur existieren, bedeutet nicht, alle Menschen müssten innerhalb einer bestimmten Kultur leben. Menschen als kulturelle Wesen zu betrachten bedeutet, sie als soziale Wesen zu sehen und daher als gestaltende, die Welt verändernde Wesen. Es bedeutet, davon auszugehen, dass sie die Möglichkeit haben, durch den Gebrauch von Vernunft und Dialog Veränderung zu bewirken, Fortschritt zu erzielen, eine universelle Moral zu schaffen und ebensolche politische Institutionen.«[17]

Er beschreibt hier sehr gut, was passiert, wenn wir uns scheuen, demokratische Strukturen und Menschenrechte durchzusetzen, weil wir befürchten, Menschen ihrer Identität zu berauben, wenn wir patriarchale Strukturen unterbinden. Ein multikulturalistischer Ansatz, der Parallelwelten in Bereichen zulässt, in denen es um das Menschenrecht auf physische und psychische Unversehrtheit geht, führt jedoch langfristig gesehen zu einer Schieflage in der Gesellschaft. Denn Kinder, die unter solchen Bedingungen aufwachsen, werden als Erwachsene in der Regel ihre Erfahrungen weitergeben und eben nicht aus den bekannten patriarchalen Strukturen ausbrechen.

Das führt dann gemäß des Schneeballprinzips dazu, dass es immer mehr patriarchale oder nichtdemokratische Familien in einem demokratischen Land wie Deutschland geben wird, die diese Grundgesetze missachten und ihre eigenen Strukturen auf das gesellschaftliche Zusammenleben übertragen möchten, obwohl unser Grundgesetz die Gleichberechtigung von Mann und Frau und den Schutz vor Gewalt als Grundrecht festlegt.

Was patriarchale Gesellschaften bedeuten, fasst der Psychologe Ahmad Mansour sehr gut zusammen. Wir unterrichten immer mehr Schüler aus Elternhäusern, in denen das männliche Familienoberhaupt das Sagen hat und dessen Entscheidungen nicht hinterfragt werden dürfen. Familien also, in denen kritisches Denken verhindert wird, Kontrolle und Gewalt an der Tagesordnung sind und Individualität als Risiko gesehen wird. Ganz zu schweigen davon, dass wir immer mehr Schülerinnen haben werden, die sich einem Jungen gegenüber nicht als gleichberechtigt ansehen und die aus Elternhäusern kommen, in denen Sexualität tabuisiert wird.[18]

Wenn wir diese Entwicklung aus Rücksicht auf die jeweilige Kultur zulassen, lassen wir diese Kinder im Stich. Das muss uns endlich klar werden.

Ein weiteres Beispiel aus meiner Berufspraxis ist eine Schülerin, die von Vater und Bruder psychisch und physisch misshandelt wurde. Der Prozess der Inobhutnahme dauerte monatelang und letztlich wurde die endgültige Entscheidung, in eine Betreuungseinrichtung zu gehen, komplett auf das damals 13-jährige Mädchen abgewälzt, weil das Gutachten ebenfalls die Kultur vor eine Inobhutnahme stellte. In diesem Fall war das Kind stark genug, sich von seiner Familie zu lösen, in eine andere Stadt zu ziehen und den Kontakt zu Eltern, Geschwistern und Freunden abzubrechen.

Es muss uns als Erwachsene und vor allem als verantwortliche Pädagogen, Lehrer und Richter bewusst sein, dass es eine nahezu unmenschliche Entscheidung für ein Kind ist, sich gegen das toxische, aber dennoch vertraute Familienumfeld zu entscheiden und Familie, Freunde und Schule hinter sich zu lassen. Die Befürchtung, dass in der Jugendwohngruppe nur Prostituierte mit langen Fingernägeln wohnen, die meine Schülerin verletzen möchten, war ihr vom Vater eingetrichtert worden. Im Gespräch erklärte sie mir, dass sie deshalb bei ihrer Familie bleiben wolle. Ihr Vater hatte ihr die furchtbarsten Geschichten über Wohngruppen für Kinder und Jugendliche in Deutschland erzählt. Diese massive Beeinflussung des Vaters kann ich in meiner Position als Lehrerin nicht regulieren und so war es nicht verwunderlich, dass diese Schülerin sich gegen eine Fremdunterbringung aussprach.

Das Vertraute, so schrecklich das in unseren Augen auch sein mag, muss zugunsten einer ungewissen Zukunft aufgegeben werden, und diese Entscheidung soll das Kind selbst treffen, weil in Deutschland früh der eigene Wille und der persönliche Wunsch des Kindes vor Gericht berücksichtigt wird. Man muss bedenken, dass es sich in diesen Fällen meistens um Kinder handelt, die kulturbedingt gar nicht gelernt haben, ihre eigenen Wünsche zu erkennen und zu verbalisieren. Sie haben oft keine Selbstwirksamkeitserfahrung, weil sie sich immer als unterstes Glied in einer Hierarchie erlebt haben, die bedingungslosen Gehorsam fordert. Zudem hat Familie in diesen Kulturen einen ganz anderen Stellenwert. Sich von der Familie loszusagen ist nahezu unmöglich, besonders für ein Mädchen, denn die Großfamilie ist eine Einheit, und wenn ich Vater und Mutter verlasse, heißt das auch, dass ich meine Tanten, Onkel und Cousinen nie wiedersehe. Ein Verlassen der Familie wird als Angriff auf die Familienehre gesehen und die gesamte Großfamilie straft es ab. Kinder aus patriarchal strukturierten Familien, die noch dazu kulturelle und traditionelle Verhaltensmuster verinnerlicht haben, mit solchen Entscheidungen alleine zu lassen, weil man sie gleichsetzt mit Kindern, die unter ganz anderen Umständen aufgewachsen sind, ist in meinen Augen grob fahrlässig.

Ahmad Mansour spricht hier von einer gefährlichen Verunsicherung der Gesellschaft, »die alles richtig machen will«[19] und letztlich diese Kinder im Stich lässt und überfordert. Insofern kann man nur hoffen, dass die Unsicherheit der Behörden und dadurch auch der Sozialarbeiter und Lehrer in unserem System im Umgang mit patriarchalen Familienstrukturen von der Politik so schnell wie möglich thematisiert und ernstgenommen wird.

Wir brauchen klare Regeln im Umgang mit Familien, in denen fundamentale Menschenrechte nicht geachtet werden. Und wir brauchen vor allen Dingen Gesetze, die unsere Schüler unterstützen, sich aus solchen Strukturen zu lösen, um ihnen die Chance zu geben, in unserer Gesellschaft Fuß zu fassen und diese Art der Unterdrückung nicht an die nächste Generation weiterzugeben. Wir sollten mit Schülern arbeiten können, die aufnahmefähig sind. Nur so wird Schule wieder zu einem Ort, an dem nicht primär emotionale Aufbauarbeit geleistet wird, sondern im klassischen Sinne »Wissen« und die Grundpfeiler von Demokratie und Gleichberechtigung vermittelt werden.

Denn um die Wissensvermittlung geht es mir als Lehrerin in erster Linie. Natürlich liegt mir das Wohl meiner Schüler am Herzen und ich würde mir wünschen, dass sie alle in liebevollen Elternhäusern groß werden. Nichtsdestotrotz geht es mir natürlich um Inhalte, die ich vermitteln möchte. Das ist mein Beruf und ich werde dafür bezahlt, diesen Kindern Englisch beizubringen. Aber ich kann mich der entwicklungspsychologischen Tatsache nicht verschließen, dass ein Kind, das zu Hause Gewalt und psychischen Druck erfährt, in der Schule nicht in der Lage ist, sich richtig zu konzentrieren.

Wir haben inzwischen viele Schüler in der Schule sitzen, deren Probleme so massiv sind, dass es ihnen nicht möglich ist, Physik, Chemie und Erdkunde abzuspeichern. Wenn ich mir ihre Lebensbedingungen anschaue, habe ich dafür das größte Verständnis, aber ich sehe auf der anderen Seite meine eigenen Kinder und ihre Freunde, die sich in der Schule Inhalte aneignen, die sie auf eine Ausbildung oder ein Studium vorbereiten, während ich in meinen Klassen oft Schüler habe, die ich in erster Linie emotional auffangen muss.

Ich mache das gerne und sehe auch die Notwendigkeit. Gleichzeitig erlebe ich aber das Wissensgefälle der Schüler, die der Mehrheitsgesellschaft angehören, denen es leichtfällt zu lernen, die gute Schulabschlüsse machen – egal ob das nun ein Haupt-, Real- oder Gymnasialabschluss ist. Auf der anderen Seite stehen die Schüler, die die Diskrepanz ihres familiären Umfeldes zum demokratischen öffentlichen Leben aushalten müssen und sich Wissen nicht in dem Maße aneignen können, weil sie den Kopf im wahrsten Sinne des Wortes »voll« haben mit ihren Problemen. Wenn wir nicht mutiger und klarer werden und diese Kinder durch politische und behördliche Maßnahmen schützen, haben sie keine Chance auf einen guten Schulabschluss und in der Konsequenz auch nicht auf einen Ausbildungsplatz oder ein Studium und somit wenig Chancen auf ein selbstbestimmtes Leben.

DAS KOPFTUCH: NICHT EINFACH NUR EIN STÜCK STOFF

»Ich brauche keinen Schulabschluss.
Ich heirate nächstes Jahr meinen Cousin.«

Ein anderes Beispiel für nicht erfolgte Integration ist die Geschichte einer Schülerin, die trotz guter Leistungen und ausreichender Fähigkeiten keinen mittleren Bildungsabschluss erreicht hat.

Sie ist türkischstämmig, hier in Deutschland geboren und aufgewachsen. Sie zeigte sich als gute Schülerin. In der neunten Klasse konnte sie in allen Fächern mindestens befriedigende Leistungen erzielen. Ihr berufliches Interesse lag vor allem im technischen Bereich und sie träumte von einer Ausbildung als Mechatronikerin. Als es um die Suche nach einem Praktikumsplatz ging, fand sie jedoch nur eine Stelle bei einer Schneiderei. Bei meinem Besuch während der Praktikumsphase war der Betreuer am Arbeitsplatz sehr angetan von ihrer Arbeit und auch die Schülerin schien zufrieden zu sein. Nach dem Ende des Praktikums jedoch ließen ihre Leistungen eklatant nach. Sie verschlechterten sich so sehr, dass ihr Abschluss gefährdet war.

In einem Gespräch mit ihr stellte sich heraus, dass sie nicht länger vorhatte, den Realschulabschluss zu machen, weil ihr Vater ihr keine Ausbildung im technischen Bereich erlauben würde und sie sowieso höchstens in einer Schneiderei arbeiten dürfe. »Dann will ich auch keinen Realschulabschluss haben, dann muss ich nicht traurig sein, dass ich nicht in der Autoindustrie arbeiten darf.«

Eine andere Schülerin verweigerte ab der neunten Klasse komplett die Mitarbeit, zeigte sich lustlos, kam oft zu spät oder schwänzte gleich ganz den Unterricht. Darauf angesprochen, was mit ihr los sei, antwortete sie, dass sie ohnehin keinen Schulabschluss brauche. Sie würde nächstes Jahr in der Türkei ihren Cousin heiraten.

Diese Beispiele machen allerdings nur die Spitze des Eisberges deutlich, die sich erst am Ende einer Schulkarriere zeigt. Schon von der fünften Klasse an kämpfen wir dafür, dass muslimische Schülerinnen am Schwimmunterricht teilnehmen dürfen oder auf eine Klassenfahrt mitkommen können. Hierbei trifft man nicht nur auf Widerstände vonseiten der Eltern, auch die Schülerinnen selbst sind oft schon so in »ihrer« Kultur verwurzelt, dass ihnen jedes Mittel recht ist, um solchen Aktivitäten fernzubleiben. Als Beispiel sei hier nur eine Schülerin genannt, die, um nicht am Schwimmunterricht teilnehmen zu müssen, sogar der ganzen Klasse auf WhatsApp schrieb, dass der Schwimmunterricht am nächsten Tag ausfallen würde, damit einfach niemand seine Schwimmsachen dabeihat und somit die ganze Klasse nicht zum Schwimmbad fährt. Das kann man nun unverschämt finden, oder aber man hinterfragt die dadurch verursachte Störung des Unterrichts – in diesem Fall den Ausfall des Schwimmunterrichts, denn die Beweggründe dieses Mädchens sind durchaus nachzuvollziehen und zeigen, wie dringend diese Kinder dazugehören möchten. Da es ihre Familie nicht erlaubte, dass sie am Schwimmunterricht teilnahm, fand sie einen anderen Weg, dennoch nicht aus der Klassengemeinschaft ausgeschlossen zu werden. In diesem Fall würde die Schülerin auch gar nicht sagen, dass ihre Familie das Schwimmen nicht erlaubt. Sie selbst ist so fest in ihrer Religion verwurzelt, dass sie es als persönliche Entscheidung sieht, den Schwimmunterricht für Mädchen als »haram« zu bezeichnen. Dass sie damit alle anderen Schülerinnen der Klasse verunsichert, ist ihr nicht bewusst.

Es wird deutlich, dass diese Mädchen, die in der Regel spätestens ab der fünften Klasse mit Kopftuch im Unterricht sitzen, tiefe Ängste und Unsicherheiten haben, wenn es um, aus unserer Sicht, normale Aktivitäten geht. Zudem haben sie mitunter diffuse Ängste, was das andere Geschlecht angeht. Aussagen wie: »Nein, nein. Männer sind nicht gut« sind leider keine Seltenheit, wenn man sich mit einigen Schülerinnen unterhält.

Kommt man ins Gespräch, fallen Sätze wie »Wenn mir etwas passiert, wenn ich kein Kopftuch trage, bin ich selber schuld.« Oder »Wenn ich mein Kopftuch nicht trage, komme ich in die Hölle und es kommt Scheiße in mein Haar.« Hier wird deutlich, dass die Mädchen sich keineswegs aus freien Stücken und rein religiös motiviert zum Tragen eines Kopftuchs entschieden haben. Wie sollten sie auch? Sie sind ja mitunter kaum zehn Jahre alt, wenn die Familie darauf drängt, dass sie sich verhüllen. In diesem Alter befinden sich die Mädchen entwicklungspsychologisch in einer Lebensphase, in der ihnen der Zuspruch und die Akzeptanz der Familie besonders wichtig sind. Die Ablösung vom Elternhaus wird erst in der Pubertät angebahnt und mit ihr steigt dann der Einfluss der Peergroup und somit die Chance, dass Entscheidungen tatsächlich selbstbestimmt getroffen werden. Insofern ist es kein Wunder, dass in streng muslimischen Familien den Töchtern das Kopftuch immer früher angelegt wird.

Das erreicht die Familie, indem sie etwa besonders schöne Geschenke verspricht. So erzählt meine Kollegin aus der Intensivklasse des Öfteren von Gesprächen mit Schülerinnen, die darüber berichten, dass sie ein neues Handy oder einen eigenen Laptop haben, seit sie das Kopftuch tragen.

Manchmal werden aber auch subtile Ängste beim Kind geschürt, die in diesem Alter nachhaltig auf die Selbst- und Fremdwahrnehmung Einfluss nehmen. Denn ein Mädchen, das seine Haare bedeckt, um einen Mann sexuell nicht zu erregen, tut dies, weil es vermittelt bekommt, dass es seine Verantwortung ist, den eigenen Körper zu verstecken, um Männer nicht zu reizen. Warum es allerdings in Deutschland normal geworden ist, diese Sexualisierung im Kindesalter zu tolerieren, macht mich stutzig, vor allem, weil man diesen Mädchen viele Dinge vorenthält, die zum normalen Kindsein in Deutschland einfach dazugehören. Denn dass es entsprechend beschwerlicher ist, mit Kopftuch Fußball oder Fangen zu spielen oder, wenn überhaupt erlaubt, im Burkini zu schwimmen, versteht sich von selbst. Zudem macht das Kopftuch sie zu einer Art Neutrum und auch die körperliche Veränderung und das Spielen mit dem eigenen Aussehen, mit unterschiedlichen Frisuren etc. entfällt für diese Mädchen. Dies ist entwicklungspsychologisch bedenklich, denn eine solche Beschäftigung mit der eigenen Person ist wichtig und führt zu einer normalen Körperwahrnehmung, die diesen Kindern somit verwehrt bleibt.

Wir können und dürfen uns nicht länger hinter Aussagen von muslimischen Frauen verstecken, die das Tragen des Kopftuches als freie Entscheidung propagieren, denn das Alter, in dem die meisten unserer Schülerinnen sind, wenn sie das Kopftuch anlegen, schließt aus, dass es bei den Kindern eine völlig frei getroffene Entscheidung ist, und die Auswirkungen sind nachhaltig. Wenn das Kopftuch schon in jungen Jahren angelegt wird, verändert sich die Wahrnehmung der Mädchen und die eigene Unfreiheit wird zur Normalität, wie ein Gespräch zeigt, das eine Kollegin mit einer Schülerin führte.

Diese Schülerin sagte, sie trage das Kopftuch ganz freiwillig und niemand habe sie dazu gezwungen. In ihrer Familie gäbe es auch Frauen, die kein Kopftuch trügen, was zeige, dass es keinerlei Zwang gäbe. Eine Tante habe sich auch erst sehr spät entschieden, das Kopftuch zu tragen, und täte es jetzt mit Stolz. Diese Tante sei in ihrem Verhalten auch heute noch so, wie zu der Zeit, als sie noch »frei« war. Das Wort »frei« kam ihr da ganz ohne Wertung über die Lippen. Als meine Kollegin fragte, was sie damit meine, sagte sie, damit meine sie die Zeit, als die Tante noch kein Kopftuch trug. Eine ziemlich entlarvende Aussage, die der Schülerin gar nicht bewusst war.

Aufgeklärte Muslime warnen schon lange vor so viel Zurückhaltung und Toleranz, wenn es um das Kopftuch bei Kindern geht. So schrieb Seyran Ateş schon 2007, dass gerade in der Schule, wo Kinder und Jugendliche ausgebildet werden, der Staat die Aufgabe hat, »Grundrechte zu vermitteln und durchzusetzen. Er macht sich unglaubwürdig, wenn er diesen Ort mit zweierlei Maß misst und eine bestimmte Gruppe, nämlich Muslime, von der Verpflichtung, dem Gleichheitsgrundsatz zu folgen, entbindet.«[20] Sie betont, dass unsere Demokratie gefährdet ist, wenn dieser im Grundgesetz festgeschriebene Grundsatz zugunsten einer Religion zur Disposition steht.

Wieso fällt es der Politik dennoch so schwer, zumindest in einer staatlichen Institution wie der Schule ein Kopftuchverbot für Kinder zu erlassen? Wenn es das gäbe und somit in Integrationskursen für Eltern klar kommuniziert würde, dass die ersten neun Jahre der staatlichen Bildung verpflichtend für jedes Kind sind und Kinder in staatlichen Einrichtungen kein Kopftuch tragen dürfen, am Schwimmunterricht und an Klassenfahrten teilnehmen müssen, hätten wir Lehrer in diesen Bereichen mehr Rückendeckung, um uns klar zu positionieren. Zusätzlich würde Eltern deutlich von staatlicher Seite signalisiert, dass die Tatsache, dass ihre Tochter zumindest in der Schule kein Kopftuch tragen darf, Teil ihres Lebens in Deutschland ist.

All diese Beispiele belegen, dass Parallelgesellschaften in Deutschland existieren, die eigene Gesetze für ihre Kinder aufstellen. Der Gleichheitsgrundsatz gilt für diese Jugendlichen nicht. Der Schule sind hier die Hände gebunden. Wir haben über Gespräche mit den Eltern hinaus keine Möglichkeit, solche Mädchen zu unterstützen. Dass diese Gespräche unbedingt notwendig sind und Wirkung zeigen, sieht man am Fall einer Schülerin aus Somalia, die, nachdem ich nicht nur mit dem Vater, sondern auch mit dem Vertreter des somalischen Kulturvereins gesprochen hatte, auf eine dreitägige Klassenfahrt mitfahren durfte. Unser Kompromiss war, dass ich den Vater täglich kurz über das Befinden seiner Tochter Bericht erstatte.

Solche Kompromisse begrüße ich, denn ich kann auch die Sorgen des Vaters verstehen, der mir sagte, dass seine 14-jährige Tochter noch nie woanders übernachtet hätte und er sich sorge, wenn er nicht genau wisse, wo sie ist. Bei der zweiten Fahrt waren die Nachrichten nicht mehr notwendig und die positiven Auswirkungen, die die Teilnahme auf meine Schülerin hatte, waren unübersehbar. Nicht nur, weil sie endlich in der Klassengemeinschaft Fuß fassen konnte, sondern auch, weil sie mit ihren Mitschülern einen Weihnachtsmarkt besuchte, sich mit mir über christliche Traditionen austauschte und in einem Niedrigseilgarten kletterte. Sie wurde sichtlich gelöster und selbstbewusster und man merkte, wie ihre Ängste und Vorurteile sich in Neugier verwandelten. Auch die Gespräche mit dem Vater sind inzwischen von Respekt und Vertrauen geprägt, weil er über die Jahre gemerkt hat, dass die Schule, gemeinsam mit ihm, das Beste für seine Tochter möchte. Doch solche positiven Beispiele sind nicht die Regel. Oft scheitern wir an verhärteten kulturellen Diskrepanzen und nicht selten wird ein Kind dann einfach kurzfristig krankgemeldet, um sich schulischen Aktivitäten doch zu entziehen.

Im Bereich der von den Familien vorgeschriebenen Lebensvorstellungen nach der Schule, wenn es zum Beispiel, wie oben beschrieben, um eine Ausbildung oder selbstgewählte Lebensmodelle geht, ist es noch schwieriger, die Mädchen zu unterstützen, weil unser Einfluss nach dem Ende der Schulzeit natürlich aufhört. Hier könnten Modelle greifen, die es Schülerinnen ermöglichen, eine Berufsausbildung neben dem Schulabschluss zu erwerben, wie es in manchen Waldorfschulen schon praktiziert wird.

Die Beispiele zeigen die unterschiedlichen Aufgaben, die Lehrer erfüllen müssen, und Möglichkeiten, die Schulen bieten sollten, um Integration erfolgreich zu gestalten. Doch diese sind weder ohne ausreichend Zeit und Personal und eine entsprechende Ausstattung zu leisten, noch ohne den politischen und gesellschaftlichen Rückhalt durchzusetzen. Wir als Pädagogen kommen an unsere Grenzen und belasten uns oft darüber hinaus. Die Arbeit, die in Schulen für die Gesellschaft geleistet wird, erfährt oft genug kaum Anerkennung und dadurch wird auch nicht gesehen, wie viel mehr in schulische Bildung investiert werden müsste, um einer Verfestigung misslungener Integration entgegenzuwirken.

ANKOMMEN IN DEUTSCHLAND – GELUNGENE SPRACHINTEGRATION DURCH »DEUTSCH ALS FREMD- UND ZWEITSPRACHE«

»Sprachbarrieren verändern Biografien.«

Diese Bemerkung einer Kollegin, im Zusammenhang mit der Situation geflüchteter Schüler, macht auf die persönlichen Dramen dieser Kinder aufmerksam. Ein Bewusstsein darüber muss stärker in den Fokus des gesellschaftlichen Interesses gerückt werden, sonst wird Potenzial verschenkt und das hat gesamtgesellschaftliche Auswirkungen. Es wäre daher nur allzu sinnvoll, an Schulen Strukturen zu schaffen, die geflüchtete Schüler auffangen.

In einer Klasse unterrichte ich unter anderem fünf Schüler, die innerhalb der letzten drei Jahre aus Kriegsgebieten nach Deutschland gekommen sind. Diese Seiteneinsteiger, also Schüler, die nicht in Deutschland geboren sind und in das deutsche Schulsystem einsteigen, sind mitunter junge Menschen, die schreckliche Dinge gesehen und erlebt haben. Vier von ihnen haben Familienmitglieder verloren. Alle haben eine Geschichte von Verfolgung und Zerstörung erlebt und mussten ihre Heimat verlassen. Jetzt sitzen sie in einer deutschen Schule und wollen ihren mittleren Schulabschluss machen.

Nachdem sie zwei Jahre lang intensiv in der deutschen Sprache geschult wurden, werden sie mit den Schülern ihrer Klasse gleichgestellt. Zwei Jahre lang haben sie eine fremde Sprache von Grund auf gelernt und während dieser Zeit nicht am Fachunterricht teilgenommen. Jetzt sollen sie den versäumten Stoff irgendwie nachholen und gleichzeitig ihr sprachliches Niveau verbessern.

Im Herkunftsland erworbene Kenntnisse scheinen ihnen zunächst nichts mehr wert zu sein. Selbst im Fach Mathematik können sie sprachbasierte Aufgaben nicht ohne Hilfe lösen, da sie zu lange benötigen, um die Arbeitsaufträge zu erfassen. Alle fünf waren in ihren Herkunftsländern gute bis sehr gute Schüler und müssen nun damit zurechtkommen, dass sie hier zu den schwächsten gehören. Darunter leidet das Selbstwertgefühl, es entstehen Selbstzweifel und das führt dann teilweise zu Resignation.

Neben diesen Problemen fällt es allen phasenweise schwer, sich auf den Unterricht zu konzentrieren, da ihre Kriegstraumata nicht bearbeitet sind. Wer erlebt hat, wie gleichaltrige Cousins im Krieg getötet wurden oder wer Geschwister auf der Flucht verloren hat und nicht weiß, ob diese am Leben sind, hat oft andere Sorgen als den Lernstoff.

Für die Arbeit mit diesen Jugendlichen ist es wichtig, dass sie die Möglichkeit erhalten, über ihre Erlebnisse zu sprechen und sich auch Auszeiten nehmen können, ohne dass diese sich sofort in ihren Noten niederschlagen.

Ebenso wichtig wäre es, ihre schulischen Leistungen aus den Herkunftsländern zu würdigen und, wo es möglich ist, sie auch zu dokumentieren und anzuerkennen. Das Selbstbewusstsein könnte so gestärkt und damit auch ein Anreiz geschaffen werden, sich weiter zu engagieren.

Doch es gibt auch andere Biografien von Schülern, die etwas jünger sind, wenn sie nach Deutschland kommen, und die in ihren Herkunftsländern keine guten Schüler waren. Seiteneinsteiger sind eben nicht immer gebildete Schüler, die eine gute Schulsozialisation durchlaufen haben und jetzt »nur« die deutsche Sprache brauchen, um im deutschen Schulsystem erfolgreich zu sein. Verstärkt haben wir es an unseren Schulen mit Kindern zu tun, die die Schule nur unregelmäßig bis gar nicht besucht haben oder deren Schulerfahrung sich auf zwei Jahre Koranschule mit den entsprechenden Inhalten beschränkt. Diese können oft nicht nur das lateinische Alphabet nicht, sondern sind auch nicht in ihrer Muttersprache alphabetisiert.

Für sie ist es ungleich schwerer, in einer ihrem Alter entsprechenden Klassenstufe die Lernziele zu erreichen beziehungsweise die Lerninhalte überhaupt zu verstehen. Es gibt für solche Schüler den sogenannten Notenschutz, der bei Eintritt in die Regelklasse greift. Das heißt, dass im Zeugnis in den ersten zwei Jahren im Regelunterricht nur Leistungen eingetragen werden, die mit den Noten Eins bis Drei bewertet werden, keine schlechteren, um die Schüler nicht zu demotivieren, und vor allen Dingen, um unrealistische Ansprüche nicht in den Vordergrund zu rücken. Manchmal wird sogar eine Vier eingetragen, wenn der Lehrer das Gefühl hat, dass diese nach so kurzer Zeit im Fachunterricht eine tolle Leistung ist. Grundsätzlich also eine gute Idee. Doch diese zwei Jahre Notenschutz reichen oft nicht aus, sondern gehen teilweise am Problem vorbei.

Man muss sich nämlich die Frage stellen, wie die Schulkarriere eines solchen, nicht schulsozialisierten Schülers aussieht, wenn er etwa mit zwölf Jahren zu uns kommt. Er wird zwei Jahre eine intensive Förderung bekommen, bevor er in die Regelklasse geht. Diese bringt ihn im besten Fall auf ein Sprachniveau, das im europäischen Referenzrahmen als A2-Niveau bezeichnet wird. Der europäische Referenzrahmen legt grundsätzliche Maßstäbe des Spracherwerbs in einer Fremdsprache fest und macht diese vergleichbar. Das heißt dann zum Beispiel auf A2-Niveau, dass der Schüler Sätze und häufig gebrauchte Ausdrücke verstehen kann, die mit Bereichen von ganz unmittelbarer Bedeutung zusammenhängen. Themengebiete, die hier genannt werden, sind Informationen zur Person und zur Familie, Einkaufen, Arbeit und näherer Umgebung. Und er »kann sich in einfachen, routinemäßigen Situationen verständigen, in denen es um einen einfachen und direkten Austausch von Informationen über vertraute und geläufige Dinge geht (...) und mit einfachen Mitteln die eigene Herkunft und Ausbildung, die direkte Umgebung und Dinge im Zusammenhang mit unmittelbaren Bedürfnissen beschreiben«.[21]

Nach zwei Jahren Intensivklasse ist der Schüler 14 Jahre alt, spricht leidlich Deutsch und hat natürlich nicht das Allgemein- und Fachwissen eines gleichaltrigen Mitschülers. Insofern startet er nicht altersentsprechend in einer achten Regelklasse, sondern in Klasse sieben, in der dann im Normalfall zwölfjährige Mitschüler sitzen. Doch wer den gemeinsamen europäischen Referenzrahmen für Sprachen nicht nur gelesen, sondern auch verstanden hat, kann sich vorstellen, dass auch die Inhalte einer siebten Klasse mit dem erworbenen Sprachniveau kaum zu schaffen sind. Denn kaum ein Kind, dass noch nie in eine Schule gegangen ist und mit zwölf Jahren in einer Intensivklasse zwei Jahre lang Deutsch gelernt hat und alphabetisiert wurde, kann dann mit 14 Jahren in einer siebten Klasse eine gute Note in einer Geschichtsarbeit zum Thema »Die industrielle Revolution und soziale Fragen« schreiben.

Somit ist es leider so, dass die Sprachkenntnisse nicht ausreichen, um dem Unterricht vollumfänglich zu folgen. Wenn dieses Kind hochmotiviert und lernbegabt ist, wird es die folgenden Jahre auf ein normales Leben verzichten und ununterbrochen lernen. Ja, auch diese – in der Regel – Schülerinnen kenne ich und es ist kein gutes Gefühl, sie ständig unter so hohem Druck zu sehen. Da ist ein Mädchen aus Somalia, das in einem Jahr ein B1-Sprachniveau erreicht, auf das zweite Jahr Förderung verzichtet, weil es keine Stunde des Regelunterrichts versäumen will, nur noch lernt und dann den besten Hauptschulabschluss der Schule mit 1,7 hinlegt und ein Jahr später noch einen guten mittleren Abschluss draufpackt. Diese Schüler gibt es durchaus und sie sollen hier nicht unerwähnt bleiben, doch sie sind an unseren Schulen mit bildungsfernen Einzugsgebieten eher die Ausnahme.

Aber was machen die nicht so begabten Kinder, die wenig schulsozialisierten, die vom Elternhaus wenig unterstützt werden? Wir müssen uns intensiv um sie kümmern und dafür brauchen wir ausreichend Personal, Räume und vor allen Dingen Zeit. Das heißt, dass eine Schule, die in diesem Bereich viele Schüler auffängt, anders aufgestellt sein muss als eine Schule, die in erster Linie Schüler der Mehrheitsgesellschaft unterrichtet. An unserer Schule sind bildungsferne Schüler mit Migrationshintergrund die Regel und das hat damit zu tun, dass Inklusion und Integration eben weniger an Gymnasien und Schulen mit bildungsnahen Einzugsgebieten stattfindet. Die für gelungene Integration wichtige soziale Durchmischung findet an unseren Schulen strukturbedingt nicht statt, weil Schulen nach Einzugsgebieten und Elternwünschen ihre Schülerzuweisungen erhalten.

Das muss dringend geändert werden, doch in diesem Bereich gibt es keinerlei konstruktive Vorschläge aus der Politik. Natürlich gibt es Ansätze, die diesem Problem entgegenwirken, wie die Lehrerberatungsstunde, die wir an unserer Schule eingeführt haben als eine Entlastungsstunde, die von Lehrkräften dazu genutzt wird, Schüler- und oder Elterngespräche zu führen oder Förderpläne zu schreiben und Schüler mit besonderen sozialen Herausforderungen besser unterstützen zu können. Das ist aber lediglich eine sogenannte Beratungsstunde in der Woche, die meistens für Förderplangespräche, Schullaufbahnberatungen oder Gespräche zum Arbeits- oder Sozialverhalten des Schülers genutzt wird. Diese müssen natürlich akribisch nachgewiesen und am Ende des Halbjahres dokumentiert sein, was wiederum zusätzliche Arbeit für den Lehrer bedeutet.

Es sind also keine Stunden, die für Doppelsteckungen im Unterricht genutzt werden, die aber in vielen Fällen dringend nötig wären. Doppelsteckung bedeutet, dass im Unterricht zwei Lehrpersonen anwesend sind, eine Lehrperson leitet in diesem Fall den Unterricht und die andere unterstützt Schüler, die individuellen Bedarf haben. Derzeit wird eine solche Doppelsteckung für Kinder bewilligt, die inklusiv beschult werden, aber nicht für die Seiteneinsteiger,

Auch die Abschlussprüfungen, die Seiteneinsteiger absolvieren müssen, wenn sie einen regulären Haupt- oder Realschulabschluss machen wollen, sind in keiner Weise auf die tatsächlichen Fähigkeiten und vor allem nicht auf das abgestimmt, was die Schüler letztlich für einen gelungenen Start in eine Ausbildung in Deutschland bräuchten. Dort werden Erörterungen zu literarischen Texten gefordert oder Gedichtinterpretationen, die mit der Lebenswelt der Schüler nichts zu tun haben. Es würde unseren Schülern schon extrem viel Stress nehmen, wenn sie in den Abschlussprüfungen keine muttersprachliche Deutschprüfung ablegen müssten, sondern, je nach Sprachstand, eine B2- oder C1-Sprachprüfung. Manch einer mag nun argu-

mentieren, dass wir so unsere Haupt- und Realschulab-
schlüsse ad absurdum führen und das Niveau immer weiter nach unten senken. Doch gerade ein Hauptabschluss
bedeutet, dass ein Schüler reif ist für eine Ausbildung und
dass man während einer Ausbildung zum Bäcker oder
Maurer ein Gedicht interpretieren muss oder eine Erörte-
rung schreiben soll, wäre mir neu.

Des Weiteren müsste das Fach »Deutsch als Fremd-
und Zweitsprache« (DaZ) als anerkannte Alternative zum
Fach Deutsch geschaffen werden. Die Lehrer dazu gibt es
ja. Es kommt sonst jedes Halbjahr zu der absurden Situation, dass leistungsstarke Kinder aus der DaZ-För-
derung von meiner Kollegin ein Beiblatt zum Zeugnis
bekommen, das ihnen bestätigt, gute und sehr gute Fort-
schritte zu machen. Diese werden nach erfolgreicher Prüfung in einem entsprechenden Sprachniveau ausgedrückt
und für die Schüler in eine Note »übersetzt«, also in eine
Eins oder Zwei. Im Zeugnis möchte der Deutsch-Fach-
lehrer, der natürlich auch den großen Erfolg erkennt, am
muttersprachlichen Unterricht teilzunehmen und ausreichende oder befriedigende Leistungen zu erreichen, diesem Kind dann zusätzlich gerne eine Vier oder gar eine
Drei eintragen, weil er in der Fachnote natürlich andere
Maßstäbe anlegt und den Schüler mit Kindern der Regelklasse gleichsetzt. Der Lehrer empfindet es als großen Erfolg des Schülers, schon nach ein oder zwei Jahren eine
ausreichende oder befriedigende Leistung im Deutschunterricht erreicht zu haben, doch die Schüler sind oft tod-
unglücklich und wollen die Note nicht, weil es in ihren

Augen eine schlechte Note ist. Das frustriert sie. Die derzeitige Praxis verschenkt Potenzial, weil sie dazu führt, dass eigentlich interessierte Menschen an unrealistischen Ansprüchen scheitern und dann auch dem Arbeitsmarkt nicht zur Verfügung stehen, weil sie derartige Frustrationen nicht verarbeiten können.

Hier muss investiert werden, damit Menschen eine Perspektive erhalten, weil sich das später für die Gesellschaft auszahlt. Es müssen Menschen gestärkt und unterstützt werden, die wir in unserer Gesellschaft dringend brauchen, denn wenn aus Erfahrungen und Vorwissen reflektiertes Verhalten und gelungene Integration entstehen, können sie Katalysatoren in diesem Prozess sein. Wenn es uns gelingt, diese Schülerinnen und Schüler mit all dem, was sie mitbringen, aufzufangen und zu fördern, werden sie zu wichtigen Stützen unserer Gemeinschaft und nicht zu einem bemitleidenswerten Anhängsel, das wir aus vermeintlichem Gutmenschentum bei uns aufgenommen haben.

LEBEN IN DEUTSCHLAND

»Wenn wir irgendwann in eine richtige Klasse gehen, sind dann da richtige deutsche Kinder?«

Diese Frage wurde meiner Kollegin gestellt, als sie sich mit zwei gerade angekommenen Kindern in ihrer Intensivklasse unterhielt. Sie wurde natürlich nicht in dieser sprachlichen Richtigkeit formuliert, doch das, was dahintersteht, ist ein grundsätzliches Thema für Neuankömmlinge in Deutschland. Sie möchten natürlich gerne »echte deutsche« Kinder kennenlernen, mit denen sie irgendwann reden und spielen können. Die ersten Wochen sind sie ausnahmslos in der Intensivklasse, doch sobald die Lehrerin das Gefühl hat, dass sie ein paar Stunden am Regelunterricht teilnehmen können, wird der Besuch der Intensivklasse mit dem Regelunterricht kombiniert. Die beiden Mädchen wollten wissen, ob sie in der »normalen« Klasse dann endlich deutsche Kinder treffen würden. Meine Kollegin stellte sich im Geiste die möglichen Klassen vor und antwortete mit gespaltenen Gefühlen: »Ja, klar. In der Klasse sind dann deutsche Kinder.«

Jeder Lehrer, der an Schulen mit Einzugsgebieten wie der meinen arbeitet, weiß allerdings, dass diese deutschen Kinder oftmals kein sprachliches Vorbild sind und dass die Integration von Seiteneinsteigern in den Regelklassen oft bizarre Formen annimmt. Wenn immer mehr Seiteneinsteiger in die Regelklassen kommen, in denen viele Schüler mit Migrationshintergrund sitzen, kann es zu weiteren dauerhaften Problemen führen.

Sprachliche Integration funktioniert nämlich nur, solange die »aufnehmende« Gruppe sprachlich stark, sozial kompetent und zahlenmäßig in der Überzahl ist. Wenn drei, vier oder gar fünf Schüler, die vielleicht sogar in einer gemeinsamen Muttersprache kommunizieren können, in eine Klasse kommen, die selbst mit massiven sprachlichen Problemen unterschiedlichster Art zu kämpfen hat, wird das wesentlich schwieriger.

Oft sitzen in diesen Schulklassen in erster Linie Schüler, die in den ersten sechs Lebensjahren in ihrer Herkunftsfamilie kein Deutsch gesprochen haben, und so kann das System nicht funktionieren. Da bekommt der Satz »Der Artikel ist keine Option!« von Frau Schnabelstedt aus dem Film »Fack ju Göhte« eine völlig neue Dimension. Auf meinen Hinweis: »Es heißt ›Ich gehe in DIE Mensa‹, der Artikel gehört dazu«, bekomme ich zu hören: »Was für Artikel, Frau Wöllenstein?«

Es kommt zu Situationen, in denen meine Kollegin aus der Intensivklasse erstaunt ist, wenn sie von deutschen Schülern mit Migrationshintergrund angesprochen wird, weil sie das Gefühl haben, dass die Seiteneinsteiger die Grammatik besser beherrschen als sie. Sie sagen dann, dass sie auch in den Deutschkurs wollen. Denn auch dieses Problem sollte angesprochen werden: Schüler, die zu Hause nur in ihrer Muttersprache kommunizieren, obwohl sie in Deutschland geboren sind, werden in der Grundschule in Deutsch alphabetisiert und lernen die deutsche Grammatik, obwohl sie Deutsch nicht auf einem muttersprachlichen Niveau beherrschen. Oftmals haben sie noch nicht einmal in ihrer Muttersprache ein ausreichendes Sprachgerüst, um die deutsche Grammatik an den Strukturen ihrer Muttersprache anzudocken und die Sprachen gegeneinander abzugleichen.

Sie beherrschen zwei Sprachen nur in den Grundzügen: Ihre Muttersprache von zu Hause, also nicht vergleichbar mit einem Kind, das etwa in der Türkei zu Hause ist und in der Öffentlichkeit Türkisch gesprochen hat, bevor es in die Schule kam. Und Deutsch aus dem Kindergarten, wenn sie das Glück hatten, im Kindergarten auf genug deutsche Kinder zu treffen, mit denen sie kommunizieren konnten. Je nach Einzugsgebiet setzt sich eine Kindergartengruppe auch aus vielen Kindern zusammen, mit denen man doch nicht Deutsch sprechen muss.

Da sind dann Kinder, die zwölf Jahre lang ihre Muttersprache im Heimatland gesprochen haben im Vorteil, weil sie eine Sprache von der Pike auf gelernt haben und nun ein weiteres Sprachgerüst, in diesem Fall das deutsche, erlernen. Ich möchte betonen, dass sich dieser Vorteil auf das Erlernen der grammatikalischen Struktur einer Sprache bezieht. Diese ist leichter, wenn man seine Muttersprache perfekt beherrscht. Es ändert nichts daran, dass viele Inhalte – wie in Geschichte, Erdkunde oder auch Physik – für Seiteneinsteiger eine Überforderung darstellen.

Welche Probleme dadurch entstehen, dass deutsche Kinder – denn laut Pass sind sie Deutsche – in der Grundschule mit unzureichenden Sprachkenntnissen ankommen und ganz normal unterrichtet werden, sollte keinesfalls unerwähnt bleiben, denn diese Kinder sitzen dann in der weiterführenden Schule in den Regelklassen und haben die Aufgabe, die Seiteneinsteiger zu integrieren. Das sind dann Schüler, die in Deutschland geboren wurden und im Idealfall mit drei bis fünf Jahren angefangen haben, Deutsch im Kindergarten zu sprechen. Wenn sie in die Schule kommen, werden sie ganz »normal« unterrichtet, wie Muttersprachler, aber das sind sie nicht.

Lange Zeit ging man in Schulen davon aus, dass wir sie nur ordentlich mit muttersprachlichem Deutschunterricht fluten müssten, dann käme das schon in Ordnung. Das Gegenteil ist der Fall, denn die Kinder sind damit überfordert und blocken ab. Erschwerend kommt hinzu, dass oft auch die Kenntnisse in ihrer Muttersprache unzureichend sind, weil diese zu Hause nicht über alltägliche Gespräche hinaus genutzt wird. Oftmals werden keine Bücher vorgelesen, es wird nicht diskutiert und es werden keine Gesellschaftsspiele gespielt. Das bedeutet, dass das Kind kein funktionierendes Sprachsystem hat, auf das es aufbauen kann. In der Grundschule wird dann das nächste »Haus« obendrauf gebaut, allerdings ohne solides Fundament, und diese Kinder wechseln dann in der fünften Klasse zu uns an die Schule, mit völlig nachvollziehbaren Konsequenzen.

In unserem aktuellen fünften Jahrgang zeigen 80 Prozent der Schüler unterdurchschnittliche Leistungen im Lesen und Schreiben. Das heißt, wenn die IGLU-Studie 2017 konstatiert, dass »fast jeder fünfte Viertklässler kaum lesen« kann, dann finden sich genau diese Schüler geballt bei uns an der Schule wieder.[22]

Um das nochmal klarzustellen: Das sind unsere Kinder, mit all ihren Stärken und Kompetenzen, und es ist nicht ihre Schuld, dass eine verfehlte Bildungspolitik sie in diese Lage bringt, die noch dazu im Bereich des Schreibenlernens mit »Langzeitexperimenten« wie der Methode »Lesen durch Schreiben« nach Jürgen Reichen wichtige Lernzeit der Kinder verschenkt. Hierbei lernen Kinder Lesen durch Schreiben mit einer Anlauttabelle. Dies suggeriert, dass Rechtschreibung verhandelbar ist. Zudem wird das Vorlesen vernachlässigt, obwohl gerade das laute Lesen für unsere Schüler wichtig für den Lernprozess wäre. »Bei der Methode ›Lesen durch Schreiben‹ (…) lernen die Kinder individuell beim Schreiben per Anlauttabelle das Lesen. Die Kinder üben nicht wie beim herkömmlichen Fibelunterricht zunächst gemeinsam Buchstaben, leichte Wörter und später kurze Texte, sondern sie können per Anlauttabelle von Anfang an, je nach Lernausgangslage, kleine Wörter schreiben und mit der Zeit auch lesen.«[23] Im Gegensatz dazu wird der gemeinsame Fibelunterricht und besonders das Vorlesen vor der Klasse als kontraproduktiv angesehen, weil es die Motivation der Schüler beeinträchtigt. Das bedeutet, dass das Vorlesen beim »Lesen durch Schreiben« fast gänzlich wegfällt, es sei denn, es geschieht auf eigenen Wunsch des Kindes. Zusätzlich wird das Kind erst sehr spät mit Rechtschreibregeln konfrontiert.

Gerade für Schüler mit Migrationshintergrund, die mit ihren Eltern nicht Deutsch sprechen, bedeutet das, dass sie oftmals durch das System rutschen und es nicht auffällt, dass sie gar nicht oder nur unzureichend lesen können und dass sie sich das Schreiben in einer Sprache durch eigenes Hören erarbeiten sollen, die sie nicht fließend sprechen. Man macht es ihnen also unnötig schwer, Lesen und Schreiben zu lernen. Diese Methode ist in einigen Bundesländern inzwischen wieder abgeschafft, doch für die Schüler, die wir momentan unterrichten, kommt diese Maßnahme zu spät und wir müssen, gemäß dessen, was Inklusion bedeutet, die Kinder da abholen, wo sie stehen.

Wenn wir diesen Tatsachen ins Augen sehen, sollten wir den Kindern den Unterricht anbieten, den sie im Rahmen einer ernstgemeinten Inklusion verdient haben: Deutsch als Zweitsprache. Im Unterschied zum herkömmlichen Deutsch-Fachunterricht fokussiert sich der DaZ-Unterricht auf andere Akzente als die bisherige Vorstellung, »dass formale Fähigkeiten wie Grammatik und Rechtschreibung sowie fachliche Kenntnisse, z.B. über Literaturgeschichte, bedeutende Gegenstände des Unterrichtes sein müssten – diese sind damit nicht aus dem Unterricht getilgt, aber in Kompetenzbereiche eingebettet und in einem Unterricht zu vermitteln, der Fähigkeiten selbstständigen Problemlösens fördert«. Das heißt, dass

DaZ-Bücher vom Aufbau und Inhalt zunächst einmal darauf abzielen, in der Sprache alltägliche Lebensbereiche abzudecken, statt unterschiedliche Textformate zu thematisieren. Zudem wird in erster Linie an der Wortschatzerweiterung gearbeitet. Das ist im normalen Fachunterricht nicht oder nur sekundär vorgesehen, weil man davon ausgeht, dass sich der Wortschatz eines Kindes ohnehin sukzessive erweitert.

Ein Erlebnis in einer Klasse machte mir deutlich, wie dringend dieser Unterricht, der ganz anders aufgebaut ist und andere Lernfelder bearbeitet als ein normaler Deutschunterricht, für Kinder mit Migrationshintergrund ist. Eine Schülerin tat sich sehr schwer damit, ein Lesetagebuch zu einem Buch zu erstellen, das sie »gelesen« hatte. Sie fragte mich, was sie auf das Deckblatt malen solle. Ich sagte, dass ich das Buch nicht kenne und sie mir doch erzählen soll, worum es geht.

Sie druckste herum. Auf meine Frage, ob sie es denn gelesen habe, meinte sie: »Ja, aber nur halb.« Mir kam ein Verdacht und ich bat sie, mit auf den Flur zu kommen, wo es leiser ist und wir zusammen lesen können.

Ich wurde in meiner Vermutung bestätigt, denn die Schülerin las außerordentlich stockend die erste Seite des Buches vor und verstand viele Wörter nicht. Es waren Wörter wie »Gebüsch« oder »rascheln«, also keine wirklich schwierigen Begriffe, die nicht aus der Lebenswelt eines Sechstklässlers kommen. Nach Rücksprache mit der Klassenlehrerin gab ich ihr eine DaZ-Lektüre auf A2-Niveau und am nächsten Tag berichtete sie mir freudestrahlend: »Ich hab schon drei Seiten gelesen und ALLES verstanden.« Drei Tage später kamen zwei andere Schüler aus der Klasse zu mir und fragten, ob sie auch so ein Buch wie die andere Schülerin bekommen könnten.

Man erkennt hier deutlich, dass die Motivation der Schüler davon abhängt, ob die Aufgabe, die sie gestellt bekommen, für sie eine Herausforderung ist oder eine Überforderung. Unterrichten wir an Schulen wie meiner weiterhin Inhalte nach Lehrplan, hängen wir eine ganze Generation von Schülern ab, weil wir sie permanent überfordern.

Machen Sie doch den Selbsttest: Nehmen Sie einen Roman in Ihrer schwächsten Fremdsprache zur Hand. Wie lange macht Ihnen das Lesen Spaß, wenn Sie jedes fünfte Wort nachschlagen müssen?

Wir verleiden Kindern für den Rest ihres Lebens das Lesen, wenn wir sie zwingen, Bücher zu lesen, die sie nicht verstehen können. Wir können nicht erwarten, dass sie kommen und sagen, dass sie das Buch nicht verstehen. Es fällt Kindern schwer zuzugeben, dass sie etwas nicht können, vor allem dann, wenn alle anderen aus der Klasse vermeintlich gut mitkommen. Das ist für sie wie ein Gesichtsverlust. Wir müssen die Freude am Lesen wecken und erhalten und damit auch die Motivation am Lernen allgemein, denn Lesen ist die Grundlage von nahezu jedem Fach. Das geht nur mit an den Sprachstand angepasster Lektüre und mit Unterricht, der die Schüler fordert und nicht überfordert. Nur wenn wir das schaffen, sitzen in den Regelschulklassen Schüler, die den neu ankommenden Schülern ein gutes sprachliches Vorbild sein können.

Wenn wir in diesem Bereich versagen, werden Situationen, wie sie meine Kollegin aus der Intensivklasse erlebt, zum Alltag werden, wenn sie es nicht schon längst sind. So kamen zwei sehr erfolgreiche Seiteneinsteiger aus der Regelklasse, die im Gymnasialzweig gut mithalten konnten, zu ihr und sagten, dass sie wieder in den Deutschintensivkurs wollten, da ihre Deutschkenntnisse in der Klasse schlechter würden, etwa beim Verwenden von Präpositionen und Artikeln. Meine Kollegin war nicht überrascht, dass die Deutschkenntnisse in der Regelklasse wieder schlechter werden, denn dieses Problem ist ihr durchaus bewusst. Neu war für sie, dass die Schülerinnen das ebenso empfanden und dieser Entwicklung gerne selbst entgegensteuern wollten.

Doch es geht nicht nur um grammatikalische Strukturen. Immer wieder kommt es im Intensivkurs zu Situationen, in denen meine Kollegin bemerkt, dass die Schüler in den Regelklassen Kommunikationsprobleme hatten, oftmals ohne es zu merken. So erzählte sie einmal davon, dass ein Schüler sie fragte, was denn das Wort »real« in der Frage »Bist du real?« bedeutet. Sie erklärte, dass diese Frage aus dem Song »Bist du real?« von KC Rebell, einem deutschen Rapper kurdischer Abstammung aus Essen, stamme und zum Thema habe, ob das Mädchen, in das er sich verliebt hat, wirklich echt ist. »Real« käme aus dem Englischen und bedeute echt. Der Schüler war erstaunt. Er lachte und meinte, er dachte, es hieße: »Bist du im Real-Markt?«

Ein solcher befindet sich in Laufweite unserer Schule und die Frage: »Gehst du Real?« fällt auf unserem Schulhof oft. Eben weil bei unseren Schülern mit türkischem Migrationshintergrund der Artikel, wie in ihrer Muttersprache auch, nicht existiert.

Als einige Zeit später ein anderer Schüler aus dem Deutschkurs diese Frage wieder stellte, lachte meine Kollegin, klärte ihn auf und ergänzte gleich: »Du dachtest, der andere möchte wissen, ob du zum Real-Markt gehst, oder?« Aber nein, der Schüler dachte, es ginge um die Frage: »Bist du im Realschulzweig?« Er hatte die Frage folgendermaßen beantwortet: »Ich bin Haupt, aber ich will Real.«

Die Schüler selbst, die in solchen Situationen oft gar nicht merken, dass sie aneinander vorbeireden, bräuchten viel mehr Regulative, die sie in solchen Fällen auf Missverständnisse hinweisen, damit sich Fehler nicht verfestigen und Missverständnisse nicht zu Konflikten führen. Das können natürlich Doppelsteckungen sein, damit immer zwei Lehrer im Unterricht anwesend sind und der Lernprozess individueller begleitet werden kann. Doch letztlich lernen Schüler auch und vor allem in der Kommunikation untereinander und die findet eben in der Pause und auf dem Schulweg statt. Insofern dürften Schulen nicht den Wohnort als einziges Zuweisungsparameter haben. Eine bessere Durchmischung von Mehrheitsgesellschaft und Minderheiten sollte staatlich gesteuert werden, sonst erfolgt eine Ghettoisierung und Schüler mit Potenzial bleiben auf der Strecke.

KARTOFFELKANAKEN – DIE CHANCEN ÄSTHETISCHER BILDUNG IM INTEGRATIONSPROZESS

»Ich werde nie gefragt, woher ich komme, weil ich typisch deutsch aussehe. In meiner Klasse bin ich das einzige blonde Mädchen. Ich fühle mich manchmal allein, aber trotzdem habe ich Freunde gefunden. Ich werde zwar manchmal geärgert, aber das interessiert mich nicht. Ich finde es toll, dass ich in einer Schule, wo wenige Deutsche sind, akzeptiert werde.«

Der vorangestellte Text ist in der Stückentwicklung eines Kurses im Darstellenden Spiel der Klasse neun entstanden und sorgte für viel Aufregung. Deshalb möchte ich an dieser Stelle die Arbeit am Stück »Kartoffelkanaken« exemplarisch darstellen und zeigen, warum ästhetische Bildung gerade in Schulen, die im Bereich der Integration gefordert sind, einen respektablen Platz im Lehrplan haben sollte.

Die Gruppe aus 15 Schülerinnen und Schülern, die das Stück selbst entwickelt und mit meiner Unterstützung geschrieben hat, ist bunt zusammengewürfelt. Lediglich ein

Schüler und eine Schülerin sind, um es einmal politisch nicht ganz korrekt auszudrücken, »Biodeutsche«. Eine weitere Schülerin ist in Deutschland geboren, spricht aber zu Hause Türkisch, und eine kommt aus dem Kosovo, wohnt aber seit zehn Jahren in Deutschland. Zwei Schülerinnen kommen aus Bosnien, drei aus Syrien und drei aus der Türkei, eine andere aus Rumänien. Drei Mädchen aus Mazedonien, Portugal und Afghanistan vervollständigen die Gruppe. Diese elf Schülerinnen sind erst seit maximal vier Jahren in Deutschland, manche sogar erst seit einem.

Bei dieser Zusammensetzung lag es nahe, das Thema Herkunft theatral zu bearbeiten. Doch nicht nur die Frage der Herkunft wurde angesprochen, auch der Begriff »Heimat« wurde von den Schülern diskutiert. Es wurde deutlich, dass sich das Thema nicht nur auf das Land beschränkt, in dem die Schüler geboren wurden, auch die Frage, was »Heimat« überhaupt bedeutet öffnete neue Facetten. Die Schüler bearbeiteten auch die Erwartungen, die sie hatten, als sie in Deutschland ankamen, und thematisierten ihre ersten Begegnungen mit Deutschen und die Schwierigkeiten im Alltag. Zudem zeigt es an den Stellen, an denen sie über ihre eigene Lebensgeschichte erzählen, wie unterschiedlich sie sind und was sie erlebt haben.

Es muss betont werden, dass das Fach Darstellendes Spiel (DS) nicht zu verwechseln ist mit einer Theater-AG. DS lebt von theaterpädagogischen Methoden, die Gruppenaktionen als theatralische Mittel nutzen, um Geschichten zu erzählen. Es geht also nicht darum, dem einzelnen Schüler Schauspielunterricht zu erteilen oder gar eine

Hollywoodkarriere anzubahnen. Vielmehr erlernen die Schüler Techniken, die beim Zuschauer Wirkung erzielen und von der ganzen Gruppe benutzt werden. So etwa chorisches Sprechen, Standbilder oder choreografierte Bewegungsabläufe, mit denen sie Geschichten erzählen können, ohne seitenweise Text auswendig zu lernen. Wenn tatsächlich Stücke entstehen, erzählen sie in der Regel Geschichten aus der Lebenswelt der Schüler. Das Ergebnis sollte natürlich künstlerisch ansprechend sein, denn die ganzheitliche Erfahrung, die Schüler in einem gelungenen DS-Prozess machen können, lebt davon, dass sie für ihr Werk am Ende eine positive Rückmeldung erhalten. Der Schwerpunkt muss aber auf einer gemeinsam zu erbringenden Gruppenleistung liegen, die die Schüler im Idealfall um eine Erfahrung reicher macht: Das Erlebnis, was Gruppen erreichen können, wenn alle zusammenarbeiten und sich jeder auf den anderen verlassen kann, wie im Fall der hier beschriebenen Arbeit.

Bereits im Sommer, noch bevor ich wusste, wie sich mein neuer DS-Kurs zusammensetzen würde, verfolgte ich aufmerksam die Integrationsdebatte, die Mesut Özils Austritt aus der Nationalmannschaft ausgelöst hatte. Nach der WM in Russland verließ er die Mannschaft und beklagte sich darüber, dass er nur dann wirklich integriert war, wenn er gute Leistungen im Fußball erbracht hatte. Dann sei er ein gelungenes Beispiel für Integration gewesen. Sobald etwas schiefgelaufen sei, war er der Ausländer. Auch die Presse habe seiner Meinung nach ihren Teil dazu beigetragen, dass sein Gefühl sich so weit verstärkt hätte, dass es letztlich zu seinem Austritt aus der Nationalmannschaft gekommen sei.

Andere Spieler, darunter auch Lukas Podolski, zeigten sich erstaunt und betonten, dass es in der Nationalmannschaft keinen Rassismus gegeben hätte.[24] Natürlich hätte man sich gegenseitig als »Kartoffeln« und »Kanaken« bezeichnet, aber das sei, so wird Podolski in einem Artikel zitiert, in einem Multikulti-Land wie Deutschland üblich. Im Profifußball gehöre ein solcher Spaß genauso dazu wie auf der Straße eben auch. Doch ist es wirklich ein Spaß, wenn man sich gegenseitig als »Kartoffeln« und »Kanaken« bezeichnet?

Ich habe diese Diskussion schon des Öfteren mit meinen Schülern geführt, denn Lukas Podolski hat mit einer Aussage Recht: Die Jugendlichen benutzen diese Ausdrücke oft, um sich gegenseitig aufzuziehen. Nach unzähligen Diskussionen über solche und ähnliche Beleidigungen, die ja alle nur »Spaß« sind, und vor allem nach der Arbeit an unserem Stück, komme ich zu dem Schluss, dass solche Ausdrücke beim Empfänger nie als reiner Spaß ankommen. Sie sind auch immer Ausdruck von Schubladendenken und ziehen imaginäre Grenzen. Das sollte in der Unterrichtseinheit mit dem DS-Kurs zum Thema gemacht werden.

So stieg ich in der ersten Stunde mit dieser Diskussion in das Thema ein. Schnell stellte sich heraus, dass die Schüler in diesem Bereich viel Redebedarf haben. Zunächst einmal ging es darum, was man denn eigentlich sei, wenn man einen deutschen Pass habe, zu Hause aber Türkisch spräche und vor allem auch türkisch aussehe und deshalb oft darauf angesprochen würde, woher man käme.

Die Schülerin, die diese Frage in die Gruppe hineintrug ist ein gutes Beispiel dafür, wie Kinder ihre Integration als gelungen wahrnehmen, von außen jedoch immer wieder verunsichert werden. Sie sagt, ihr und ihrer Familie ist es wichtig, dass sie alle gut Deutsch sprechen, ein gutes Verhältnis zu den Nachbarn haben, Freundschaften auch zu Deutschen pflegen und sich an Regeln und Gesetze halten. Sie fühle sich hier zu Hause, Deutschland sei ihre Heimat. Sie ist die zweite Generation in ihrer Familie, die in Deutschland geboren wurde, und sie lachen oft darüber, wie viele deutsche Gepflogenheiten für sie völlig normal sind. Sie sagt, dass sie einfach das Beste aus beiden Kulturen leben und damit sehr zufrieden sind. »Wir sind einfach Menschen, Frau Wöllenstein«, äußerte sie ganz nebenbei in der Gesprächsrunde.

Dennoch wird sie immer öfter gefragt: »Woher kommst du?« Das verunsichert sie, weil das ja eindeutig assoziiert, dass der Fragende davon ausgeht, dass sie eben keine Deutsche sei, obwohl der Pass doch etwas anderes sagt und das persönliche Gefühl sowieso. Sie weiß dann oft nicht, was sie antworten soll, und ist genervt, weil sie das Thema nicht interessiert. Was die Jugendlichen gerade gefühlsmäßig wirklich bewegt und interessiert, zeigt ein Text, den ein Mädchen aus der Türkei in derselben Unterrichtseinheit geschrieben hat. Sie stellt fest: »Es interessiert mich nicht, welchen Pass ein Mensch hat. Ich unterhalte mich lieber über Make-up und Instagram.«

Man erkennt, mit wem wir Lehrer es zu tun haben: Mit Jugendlichen, die mitten in der Pubertät stecken und deren Lebenswelt sich gerade entwicklungspsychologisch nicht um die ethnische oder religiöse Zugehörigkeit und den Aufenthaltsstatus dreht, sondern um die erste Liebe, den Streit mit der besten Freundin, das neue Computerspiel oder den angesagten Lippenstift. Eben das, was in der Clique gerade aktuell ist. Themen wie die kulturelle und religiöse Zugehörigkeit werden in dieser Zeit dennoch zum Zentrum für Konflikte, weil die Jugendlichen oft gegen unsichtbare Wände stoßen und das nicht nur in der Schule und unter Mitschülern. Das kann manchmal lediglich die Frage »Woher kommst du?« sein, die unbewusst dazu auffordert, sich in diesem Bereich zu positionieren, und das, obwohl viele der Jugendlichen gerade in einer Phase ihrer Entwicklung sind, in der sie sich selbst, ihre Bedürfnisse, Fähigkeiten und Interessen entdecken sollten. Vor allem, wenn sie in einem Land wie Deutschland aufwachsen, in dem ihr Leben nicht durch Krieg oder Armut bedroht ist.

Wenn dann aber durch äußere Einflüsse die Identitätssuche immer wieder auf Religion, Kultur und Staatsbürgerschaft reduziert wird, bekommen diese Bereiche eine unverhältnismäßige Wichtigkeit in dieser Entwicklungsphase.

Weitere Monologe zu der Frage »Woher kommst du?«, die von den Schülern während der Arbeit am Stück geschrieben wurden, zeigen, wie schnell man mit dieser Frage Verunsicherung auslöst, auch wenn sie aus ehrlichem Interesse gestellt wird und in erster Linie vielleicht auch nur, um über ein bisschen »Small Talk« ins Gespräch zu kommen.

So schrieb eine Schülerin: ›Woher kommst du?‹ Die Frage beantworte ich nicht gern. Eigentlich bin ich stolz auf meine Heimat und erzähle gerne davon, wie ich früher gelebt habe. Aber immer, wenn ich sage, dass ich aus Rumänien komme, kommen blöde Sprüche. ›Kennst du Dracula?‹; ›Oh! Ist mein Handy noch da?‹ Das hasse ich.«

Und eine andere: »Ich komme aus der Türkei, also nein, ich bin in Deutschland geboren und meine Eltern sind Türken. Meine Mutter ist hier in Deutschland geboren und mein Vater in der Türkei. Zu Hause sprechen wir Türkisch. Ich bin stolz auf meine türkischen Wurzeln, aber mich nervt das Einraumdenken, das manche Leute haben. Sie fragen mich so Sachen wie: ›Wurden bei euch zu Hause denn auch Bücher vorgelesen?‹ oder ›Das war bestimmt schwierig, weil deine Mutter ja bestimmt nicht so gut Deutsch spricht!‹ Meine Mutter spricht besser Deutsch als ich und vor allem besser Deutsch als Türkisch. Nur weil man türkisch aussieht, heißt das doch nicht, dass man kein Deutsch kann.«

Die beiden Texte wurden in der Gruppe heiß diskutiert, weil die Mitschüler sich mit beiden Aspekten der versteckten Diskriminierung identifizieren konnten und selbst schon Situationen erlebt hatten, in denen ihre Herkunft Anlass für »lustige« Witze war. Es ist genau wie mit den Schimpfwörtern. Sie sind nicht ernst gemeint – zumindest behaupten das die Schüler -, doch sie verletzten trotzdem, wie der Kalauer über Rumänen, die Handys klauen.

Im zweiten Fall ist die Verletzung noch subtiler, weil sie ja durch eine Art bedauerndes Verständnis ausgedrückt wird, weil der Fragende Mitleid mit der Schülerin zeigen möchte, der man ja eventuell keine Bücher in der Kindheit vorgelesen hat. Dass das in manchen Familien der Fall ist, habe ich bereits im vorangegangenen Kapitel erklärt. Das hat jedoch nichts mit der Herkunft des Kindes zu tun, sondern mit der Bildungsaffinität einer Familie. Man kann das nicht an der Hautfarbe festmachen. Das einmal so zu reflektieren war für die Schüler sehr hilfreich.

Besonders die zwei Schüler ohne Migrationshintergrund trugen hier wichtige Aspekte in die Gruppe. Nicht nur das dem Kapitel vorangestellte Zitat überraschte und sorgte für Gesprächsstoff, sondern auch der Monolog des einzigen Jungen in der Gruppe. Er schrieb: ›Woher kommst du?‹ Das wurde ich noch nie gefragt. Ich habe blaue Augen und blonde Haare. Die Leute finden, ich bin ein typischer Deutscher. Das finde ich komisch. Ich habe so viele Freunde, die Deutsche sind und schwarze Haare haben oder dunkle Haut. Manche von ihnen sind hier geboren und haben einen deutschen Pass, aber weil ihre Eltern woanders geboren wurden, sprechen sie mit ihnen Türkisch oder Kurdisch. Die sagen dann immer, dass sie keine Deutschen sind. Das finde ich richtig komisch. Dann hört sich deutsch sein an, als wäre es etwas Schlechtes.«

Die Schüler waren bei beiden Monologen sehr überrascht, denn für sie stand immer außer Frage, dass sich die Deutschen an einer deutschen Schule doch im wahrsten Sinne »zu Hause« fühlen. Die Tatsache, dass sie an Schulen wie meiner die Minderheit sind, macht aber etwas mit ihnen und mit ihrer Selbstwahrnehmung. Es war gut, den Schülern mit Migrationshintergrund diesen Aspekt vor Augen zu führen.

Dieser Frage nachzuspüren und das, was sie unbewusst auslöst, zu verbalisieren, war für die Schüler also ein wichtiger Schritt. Denn nur, wenn ihnen klar ist, welche Gefühle bei ihnen hochkommen, wenn sie mit bestimmten Fragen oder mit spaßig gemeinten Schimpfwörtern konfrontiert werden, können sie das dem Gegenüber zurückmelden. Dann können sie einen Konflikt oder auch ein Gespräch, das eventuell versehentlich in die falsche Richtung läuft, deeskalierend beenden. Im Umkehrschluss soll das nicht heißen, dass wir die Frage »Woher kommst du?« nicht mehr stellen dürfen, wenn wir uns für die Herkunft eines Gesprächspartners interessieren. Wir sollten lediglich darauf gefasst sein, dass in der Antwort eventuell mehr mitschwingt als der Geburtsort der Großeltern.

An dieser Stelle möchte ich darauf zurückkommen, was ich anfangs schon betont habe: Lehrer brauchen Zeit und angemessene Rahmenbedingungen, um solche Gespräche mit Schülern zu initiieren und zu begleiten, und zwar nicht in dem Moment, in dem ein Konflikt gerade hochkocht. In solchen Momenten geht es lediglich ums Feuerlöschen.

Nachhaltig arbeiten kann man mit Schülern dann, wenn sie nicht das Gefühl haben, dass es sich um ein Problem handelt, das nur zwei Schüler betrifft und in dem sie sich eventuell emotional genötigt sehen, sich auf die eine oder andere Seite zu schlagen. Sie brauchen Gesprächsanlässe, die ihre Themen grundsätzlich behandeln, um sie von verschiedenen Blickwinkeln aus zu betrachten. Dann bekommen sie die Möglichkeit, sich in ihre Mitschüler hineinzuversetzen und Handlungsalternativen zu besprechen. Und diese Gesprächsanlässe bieten sich oftmals nicht im Chemie- oder Physikunterricht.

Natürlich bin ich als Lehrerin für Darstellendes Spiel voreingenommen und berichte aus persönlicher Überzeugung und eigener Erfahrung, welche Möglichkeiten dieses Fach bietet, aber ich stehe nicht alleine da. Schon 2009 schrieb Maike Plath, dass Darstellendes Spiel Kompetenzen von Schülern in Bereichen fördert, die im herkömmlichen Schulalltag zu kurz kommen:

- soziale und emotionale Intelligenz
- Kreativität
- Empathie
- selbstständiges Denken
- Spontaneität
- Selbstvertrauen
- Ausstrahlung
- abstraktes Denkvermögen
- Teamgeist
- Fantasie
- Beziehungsfähigkeit.[25]

Sie machte schon damals darauf aufmerksam, dass diese positiven Auswirkungen von Theater im Unterricht durch die Hirnforschung bestätigt sind und in vielen Bereichen der

Arbeitswelt im Rahmen von Fortbildungen zur Persönlichkeitsbildung für die Mitarbeiter teuer eingekauft werden.

Doch warum füge ich ausgerechnet in ein Buch über Integration an Schulen ein solch flammendes Plädoyer für den DS-Unterricht ein?

Weil sich auch hier, zumindest in Hessen, das Ungleichgewicht zeigt, das durch unser dreigliedriges Schulsystem, die daraus resultierende Lehrerausbildung und die größtenteils einzugsgebietsgebundene Schulzuweisung entsteht.

In Hessen wird DS als reguläres Unterrichtsfach lediglich im Oberstufenbereich angeboten.[26] Natürlich steht es einer Schule frei, ein solches Fach schon früher anzubieten. Das machen auch einige Schulen. Manche nennen es KuBi (Kulturelle Bildung) und bieten eine Mischung aus Kunst, Musik und DS an. Andere Schulen, wie die Schule, an der ich arbeite, legen besondere Profilschwerpunkte. In diesem Fall den der Kulturschule, und sie integrieren in diesem Rahmen ein solches Unterrichtsfach auch schon in den Lehrplan für die Unterstufe. Doch dadurch, dass das Fach offiziell erst ab der Oberstufe unterrichtet wird, absolvieren in erster Linie Lehramtsstudenten für den Gymnasialbereich oder bereits im Schuldienst arbeitende Gymnasiallehrer diese Zusatzqualifikation. Natürlich steht die Zusatzausbildung prinzipiell jedem Lehrer offen, egal in welcher Schulform er unterrichtet, aber die Motivation muss schon sehr hoch und der Informationsfluss gewährleistet sein, damit sich Lehrer aus dem Grundschul- oder Gesamtschulbereich fortbilden lassen.

Das ist nicht nur bedauerlich, weil es bedeutet, dass es an Gesamtschulen schlicht und ergreifend zu wenig Lehrer gibt, die dieses Fach unterrichten können. Sondern auch, weil gerade Lehrer, die an Gesamtschulen in bildungsfernen Einzugsgebieten arbeiten, in dieser Zusatzausbildung wichtiges Handwerkszeug bekommen können, um mit Schülern, die sie vor besondere Herausforderungen stellen, erfolgreich zu arbeiten. Gerade im Bereich der uns von Berufswegen gegebenen Stellung als »Autoritätsperson« lernt man in der DS-Ausbildung andere Handlungsmöglichkeiten kennen, die mit dem Verlust dieses Status einhergehen und in der Arbeit mit Schülern aus patriarchal strukturierten Elternhäusern hilfreich sein können.

Maike Plath schreibt sehr treffend, dass die Zeiten, als ein Lehrer den Klassenraum betrat und aufgrund seiner beruflichen Position davon ausgehen konnte, einen hohen Status zu haben, und allein deswegen, weil er Lehrer ist, respektiert zu werden, vorbei sind. Diesen Respekt muss man sich heute erst verdienen und das oftmals nicht, indem man als Lehrer unantastbar und unfehlbar ist, sondern indem man den Schülern vorlebt, wie man mit Krisen, Ängsten und Konflikten umgeht.

Als Lehrer müssen wir heute in der Lage sein, unseren Status situativ zu wechseln. »Dass wir ›Chef im Klassenzimmer‹ sein müssen, ist richtig, denn wir tragen die Verantwortung. ›Chef‹ zu sein ist aber nicht gleichbedeutend mit ›im Hochstatus‹ zu sein, sondern bedeutet, seinen Status situationsangemessen heben und senken zu können. Jede Form von ›Status-Starre‹ ist auf Dauer destruktiv und frustrierend: Krampfhaft Hochstatus zu halten, erfordert zunehmend Nerven und macht auf Dauer krank. Genauso fatal ist es, dauerhaft den Schüler/innen gegenüber Tiefstatus zu spielen. Das führt dazu, dass sie uns auf der Nase herumtanzen und uns für schwache Lehrer/innen halten, die sich bei ihnen einschleimen wollen.«[27]

Es ist wertvoll zu wissen, dass es einen hohen und einen tiefen Status gibt und Situationen, in denen es als Lehrer keinen Sinn ergibt, zu versuchen, allein durch die permanente Erhöhung seines Status einen Konflikt lösen zu wollen. Denn wenn ein Schüler im Unterricht richtig hochkocht und gar nicht mehr ansprechbar ist, komme ich nicht weit, wenn ich versuche, mit Drohungen wie »Wenn du das jetzt nicht machst, dann bekommst du eine Sechs« die Situation unter Kontrolle zu bringen. Viel eher hilft da ein Statuswechsel, der oft als paradoxe Intervention für eine erste Entspannung sorgt, wenn ich dem Schüler Raum lasse und sage: »Dann beruhige dich erstmal und schau, wann du wieder mitmachen kannst.«

Dies sei aber nur als ein Aspekt genannt, warum ich es für fatal halte, dass die DS-Ausbildung, zumindest in Hessen, in erster Linie von Gymnasiallehrern absolviert wird. Denn die weitaus bedauerlichere Auswirkung davon ist in erster Linie der erwähnte Lehrermangel im Gesamtschulbereich.

Das bedeutet nämlich, dass die Möglichkeit, DS als Unterrichtsfach wählen zu können, in erster Linie Schüler eines Gymnasiums haben. Warum dort strukturbedingt weniger Schüler aus bildungsfernen Familien oder Schüler mit Migrationshintergrund anzutreffen sind, habe ich in den vorigen Kapiteln bereits beleuchtet. Dabei wäre es genau für diese Schülerklientel wichtig, solche Unterrichtsfächer flächendeckend in jeder Schulform und am besten schon ab der Grundschule im Lehrplan zu verankern. Und das ist möglich.

Wenn man nach Hamburg schaut, stellt man fest, dass DS hier seit dem Schuljahr 2011/12 als verpflichtendes Unterrichtsfach ab der Grundschule in den Lehrplänen steht. Allerding nur im Umfang von einer Schulstunde pro Woche, was für ein solches Fach nicht ausreicht, wenn es sinnvoll unterrichtet werden soll. Schade eigentlich, denn hier können Schüler noch echte Erfahrungen machen und Kompetenzen schulen, die für sie im späteren Leben vielleicht wichtiger sind, als ein Periodensystem auswendig zu lernen. Vor allem können sie ihre persönlichen Themen bearbeiten und reflektieren, um so zu selbstbewussten Persönlichkeiten heranzuwachsen.

DER NAHOSTKONFLIKT
AN UNSEREN SCHULEN

*»Es war neu für mich, dass Juden auch
nette Menschen sind.«*

Ein ganz normaler Tag in der Schule und ich habe Aufsicht auf dem Pausenhof. Zwei Schüler geraten in Streit und ich höre den Satz: »Du bist voll der Jude!« Als ich die Schüler darauf anspreche, heißt es natürlich, das war alles nur Spaß.

Ich weiß, ich weiß, Kartoffeln, Kanaken, Juden, alles nur Spaß, alles nur harmlose Schimpfwörter in den Augen beziehungsweise Ohren meiner Schüler. Aber ist das wirklich so? Und wenn ja, zu welcher Art der Verrohung führt es, wenn wir solche »Neckereien« durchgehen lassen?

Das macht mich nachdenklich, denn natürlich haben die meisten Schüler unserer Schule das Thema Nationalsozialismus oder zumindest das Thema Judentum im Unterricht auf die ein oder andere Weise behandelt. In Geschichte steht es zwar erst in Klasse zehn auf dem Lehrplan, doch wird es oft, gerade weil die Schüler ein ausgeprägtes Interesse daran zeigen, schon in Ethik als Unterrichtseinheit oder aber auch im Deutschunterricht durch eine Lektüre früher thematisiert. Es sollte ihnen also klar sein, dass das Wort »Jude« nicht einfach als Schimpfwort zu benutzen ist.

Nach der Pause sprach ich mit meiner achten Hauptschulklasse darüber, was sie über Juden wisse. Ich erhielt merkwürdige Antworten.

»Das ist ein Schimpfwort.«

»Die gibt es gar nicht.«

»Die sind seltener als Pikachu.«

»Die verstecken sich immer im Schrank.«

Ich war überrascht, denn auch mit meiner Klasse hatte ich durchaus schon über den Nationalsozialismus und die Judenverfolgung in Deutschland gesprochen, aber davon schien nichts hängen geblieben zu sein. Nein, man muss es wohl anders ausdrücken. Es war etwas hängen geblieben, das sie in die Schublade »Geschichte« gesteckt hatten. Irgendetwas mit Deutschen und Juden, die es aber seitdem praktisch nicht mehr gibt. Das Gelernte schien in keinem Zusammenhang zu dem benutzten Schimpfwort zu stehen oder zu den Juden, die heute leben.

Wie der Zufall es wollte, hatte ich gerade ein paar Wochen vorher eine Buchmesse für unabhängige Buchverlage besucht. Dort saß ich in der Lesung von Barbara Bišický-Ehrlich, einer alten Schulkameradin von mir. Sie ist deutsche Jüdin mit tschechischen Wurzeln und hat im Buch »Sag', dass es dir gut geht« die Geschichte ihrer Familie aufgearbeitet.

Ich hatte sie zwar gefragt, ob sie sich vorstellen könnte, auch an einer Schule aus ihrem Buch zu lesen und mit den Schülern ins Gespräch zu kommen, es war mir danach aber wieder entfallen. Ich nutzte also die Gelegenheit und fragte die Schüler, ob sie Interesse an einer solchen Begegnung hätten, und sie waren begeistert. Sicherlich auch deshalb, weil sie dachten, dass dann mal wieder der normale Unterricht ausfällt, aber nun gut. Ich bin Lehrerin, ich freue mich über jede Art der Begeisterung.

Ich lud Barbara also ein und bereitete die Lesung vor, indem ich Rückmeldezettel für Fragen und Anmerkungen gestaltete. An dieser Stelle sollte vielleicht angemerkt werden, dass eine solch spontane Aktion nicht an jeder Schule so leicht zu organisieren ist. Durch unseren Status als Kulturschule unterstützt unsere Schulleitung solche Vorhaben und, auch die Kollegen, deren Unterricht von derartigen Extravaganzen gestört wird, tragen solche Ausnahmezustände mit, indem sie Klassenarbeiten verschieben oder Lernzettel vorbereiten, um entfallene Stunden auszugleichen.

Zudem kosten externe Fachleute Geld, denn sie leben ja von dieser Art Bildungsarbeit. Wir konnten diese Lesung mit anschließender Diskussion finanzieren, weil eine unserer DS-Gruppen mit dem Film »Schubladendenken« 3000 Euro bei einem Respektwettbewerb des Kultusministeriums Hessen gewonnen hatte. Diese sollten für Projekte ausgegeben werden, die im weitesten Sinne mit dem Thema Respekt zusammenhängen, da passte eine solche Lesung gut. Es kamen also viele günstige Faktoren zusammen, die diesen Vormittag möglich machten.

So fanden sich an einem unheimlich warmen Junitag etwa 100 Schüler der Klassenstufen acht bis zehn im Theaterraum zur Lesung ein. Schon gleich die erste Frage der Autorin sorgte für Verunsicherung, denn sie wollte von den Schülern wissen, was sie denn bisher so über Juden gehört hätten. Die Schüler drucksten herum und nur zögerlich nannten sie ein paar Vorurteile, etwa dass Juden reich und geizig wären und komisch aussähen. Man merkte schon an dieser Stelle, dass es den Jugendlichen schwerfiel, diese Dinge laut auszusprechen und noch dazu sie dieser Jüdin, die ganz normal aussah, ins Gesicht zu sagen.

Der Lesung folgten die Schüler dann für ihre Verhältnisse und in Anbetracht der Hitze konzentriert und aufmerksam. Im Anschluss bekamen sie Zeit, sich über das Gehörte untereinander auszutauschen und auf den Rückmeldezetteln Fragen zu notieren. Diese nahm ich dann für die Diskussionsrunde als Grundlage, um einen Austausch zwischen der Autorin und den Schülern anzuregen.

Viele der Fragen waren sehr persönlich: Wie hat die Autorin es geschafft, einen jüdischen Mann kennenzulernen, die seien doch so selten, oder wie alt sie war, als sie geheiratet hat. Diese Fragen konnten schnell beantwortet werden. Doch es gab auch Fragen, die tiefer gingen. Eine lautete: »Wie oft sind Sie schon beleidigt worden, weil sie Jüdin sind, und wie haben sie sich dabei gefühlt?«

Und dann gab es noch die Fragen zu Israel. Da stand dann: »Warum habt ihr Palästina Israel genannt?« oder »Warum habt ihr den Palästinensern das Land weggenommen?« Diese Fragen trafen die Autorin relativ unvorbereitet, weil sie in erster Linie mit Fragen zum Holocaust gerechnet hatte. Sie antwortete ruhig und souverän, machte aber auch immer wieder klar, dass sie zwar Jüdin sei, sich mit dem Nahostkonflikt unter diesen Gesichtspunkten allerdings nicht befasst habe, denn sie habe ja persönlich Palästina nicht Israel genannt. Als Kind habe sie zwar ein paar Urlaube in Israel verbracht, diese haben sie damals aber nicht auf politischer Ebene beeindruckt, weil sie diese Dimensionen des Staates Israel aufgrund ihres Alters nicht begriffen habe. Heute habe sie eine liberale und weltoffene Haltung und sehe den Nahostkonflikt sehr differenziert.

Das war für meine Schüler eine überraschende Information, denn diejenigen, die diese Fragen stellten, waren selbstverständlich davon ausgegangen, dass die Autorin eine klare Haltung zum Staat Israel, seiner Entstehung und vor allem seiner Politik haben müsse. Schließlich sei sie Jüdin und somit hat sie den Palästinensern das Land weggenommen und hasse natürlich auch Muslime.

Hier muss betont werden, dass ein Teil der Schüler mit einer Mischung aus Interesse oder auch Langeweile die Diskussion verfolgte. Es waren in erster Linie Schüler mit arabischen Wurzeln, die seit ein paar Jahren in Deutschland sind und muslimische Schüler mit Migrationshintergrund, die lebhaft diskutierten und es kaum fassen konnten, dass sich die anwesende Jüdin nicht zu den erwarteten abwertenden Aussagen über Palästina oder Muslime im Allgemeinen hinreißen lassen wollte.

Ich selbst war über den Verlauf der Diskussion erstaunt. Man hat ja als Lehrerin immer einen gewissen Erwartungshorizont und meiner lag eher in meinem eigenen Interessens- und Erfahrungsbereich. Ich hatte Fragen zum

Holocaust erwartet und darüber, wie die Autorin und ihre Familie mit dem Erlebten umgegangen sind. Wie es für sie ist, als Jüdin in Deutschland zu wohnen, oder aber auch, welcher Art Anfeindungen sie schon ausgesetzt war.

Dass die Diskussion gleich eine aktuelle politische Richtung einschlagen würde, damit hatte ich nicht gerechnet. Ich bin in diesem Bereich wohl mit einer gewissen Naivität gesegnet, die vielleicht der Tatsache geschuldet ist, dass ich nicht Geschichte oder Politik und Wirtschaft studiert habe und unterrichte. Sie rührt aber eventuell auch daher, dass ich die unglückliche Angewohnheit habe, geschichtliche und politische Zusammenhänge zwar spontan interessant zu finden, wenn ich allerdings ein paar Tage später davon erzählen möchte oder aber versuche bei Diskussionen mitzureden, fehlen mir wieder die wichtigsten Informationen. Es ist wie eine Art Anti-Inselbegabung – ein schwarzes Loch in meinem Gehirn, das vor allem geschichtliche und politische Zusammenhänge betrifft.

Die Lesung und vor allen Dingen die anschließende Diskussion machten mir allerdings deutlich, dass ich mich zum Thema Nahostkonflikt dringend informieren musste, wenn ich meine Schüler dort abholen wollte, wo sie stehen. Woher kommt ihr Bedürfnis, über Israel und Palästina zu sprechen, und vor allem, woher kommen ihre festgefahrenen Vorurteile über Juden, die sie gleichsetzen mit Israelis oder genauer gesagt mit der Politik Israels?

Sind das nur meine Schüler und war es Zufall, dass an diesem Tag in Kassel so viele von ihnen zusammensaßen, die ein brennendes Interesse an diesen Themen zeigten?

Ich begann mich zu informieren und bemerkte, dass auch die aktuelle Literatur bestätigt, dass sich eine neue Art der Judenfeindlichkeit in Deutschland ausbreitet. »Die muslimischen Migranten haben ihre Judenfeindlichkeit und ihren Hass gegen Israel nach Europa mitgebracht. Während man unter Europäern hier und da einen Antisemit findet, findet man unter den muslimischen Arabern hier und da jemanden, der kein Judenfeind ist«[28], schreibt die Islamexpertin Laila Mirzo. Sie zeigt auf, warum der Koran im Umgang mit dem Judentum einen feindlichen Unterton anschlägt, der zu einem religiösen Antisemitismus heranwachsen konnte und sich im muslimischen Glauben, vor allem in arabischen Ländern, bis heute zeigt. Dies sei darauf zurückzuführen, dass Mohammed seinerzeit vom jüdischen Glauben fasziniert gewesen sei, nachdem er aber von den Juden nur Ablehnung erfuhr, kehrte sich seine Haltung in offene Feindschaft um. In Sure 5, Vers 8 steht: »Wahrlich, du wirst finden, dass unter allen Menschen die Juden (...) den Gläubigen am meisten Feind sind.«[29]

Mirzo zitiert in ihrem Buch noch andere Suren mit ähnlichem Inhalt. Was deutlich werden soll, ist, dass es im Koran Passagen gibt, die eine eindeutige antisemitische Sprache sprechen. Das sollte aber nicht unbedingt großes Entsetzen auslösen.

Die Politologin Elham Manea, Vertreterin eines humanistischen Islams, betont, dass es zunächst Ziel jeder Religion war, den Menschen »eine Vision zu bieten, wie man sich Gott in einem ganz bestimmten historischen Augenblick nähern konnte«.[30] Im Zuge dessen grenzte sich also jede »neue« Religion zu den bereits bestehenden ab. Das gilt für alle Buchreligionen und war im Christentum zu der Zeit, als die Bibel entstand, nicht anders. Insofern müssten auch die Suren des Korans im historischen Kontext gelesen und verstanden werden.

Elham Manea betont, dass es wichtig ist, dass jede Religion eine Reformation durchmacht. Dabei soll der Kern der jeweiligen Religion erhalten bleiben, also das Streben des Menschen danach, »die Wirklichkeit zum Besseren zu verändern, was bedeutet, dass er im Wesentlichen darum bemüht ist, eine gerechtere Welt für die Menschen zu schaffen«.[31] Andere, nicht mehr zeitgemäße Inhalte, müssten jedoch zugunsten der heutigen gesellschaftlichen Rahmenbedingungen und den über all unserem Handeln und Denken stehenden Wertegerüst der Menschrechte abgestreift werden. Auf diese Weise soll die Religion wieder zu dem gemacht werden, was sie ursprünglich sein sollte: Eine Kraft, die Menschen Halt und Orientierung gibt, um ihre Lebensumstände zu verbessern, und niemals etwas, das Menschen entzweit.

Manea vertritt mit dieser Ansicht übrigens den größten Teil der muslimischen Glaubensgemeinschaft. Der Islam ist jedoch ungleich schwerer zu reformieren als die jüdische oder christliche Religion, weil Muslime sich in unterschiedlichen Strömungen aufgespalten haben, in Sunniten, Jesiden, Shiiten und Aleviten, und weil es keine einheitliche Lehre gibt. Zudem äußern sich die Muslime, die ihre Religion in dieser humanistischen Weise leben, in der Regel nicht öffentlich und leiden unter der derzeitigen Tendenz, alle Muslime in Generalhaftung für einen radikal ausgelegten Islam zu nehmen.

Für den Nahostkonflikt und auch für die Ansätze des humanistischen Islams gibt es jedoch Experten, die in diesen Bereichen fantastische Bücher geschrieben haben. Ich möchte hier lediglich das Bewusstsein dafür schaffen, an welcher Stelle wir als Lehrer unsere Schüler abholen, wenn wir anfangen, mit ihnen über Antisemitismus zu sprechen.

Daher möchte ich noch einmal auf Laila Mirzo zurückkommen, denn sie gibt Einblick in ihre Kindheit in Syrien, in der sie in der Schule den Eindruck vermittelt bekam, dass Juden oder Israelis keine Menschen seien, sondern seelenlose Soldaten, die Kinder töten.[32] Damit steht sie nicht allein. Im Antisemitismus-Report des Hessischen Rundfunks sieht man eine Gesprächsrunde zum Thema Judenfeindlichkeit mit jungen Muslimen aus Syrien, die von Ahmad Mansour geleitet wird. Dort sagt ein junger Mann: »Die sind die Schlimmsten, die sind die Schlimmsten. Das ist bei uns einfach so programmiert. Die sind die Schlimmsten. Das ist genauso, wie wenn du um 7 Uhr jeden Tag aufstehst. Irgendwann hört das nicht auf. Dann wirst du irgendwann jeden Tag um 7 Uhr aufstehen.«

Der junge Mann beschreibt den Einfluss, den frühkindliche kulturelle Prägungen haben, sehr gut. Sie werden nicht hinterfragt. Sie sind einfach da. Es geht meinen Schülern da nicht anders als mir mit meinen Prägungen, die diametral sind und die es mir genau aus diesem Grund ungleich schwerer machen, eine derartige antisemitische

Haltung zunächst einmal in ihrem Ursprung nachzuvollziehen, um dann mit den Schülern ins Gespräch zu gehen. Wir arbeiten mit Kindern, die starke kulturelle Prägungen in sich tragen. Das müssen wir wissen, um damit richtig umzugehen.

Es ist nicht so, dass die Politik diesen Umstand nicht schon wahrgenommen hätte. Auch Außenminister Heiko Maas spricht davon, dass viele Geflüchtete aus Ländern kommen, in denen »Antisemitismus schon zu einer kulturellen Selbstverständlichkeit geworden ist«.[33] Und Ahmad Mansour bestätigt, dass er in seiner täglichen Arbeit mit Lehrern und Pädagogen eine zunehmende Polarisierung aufgrund von religiöser Zugehörigkeit feststellt. Das geht nicht nur gegen Juden. Da positionieren sich »Sunniten gegen Schiiten, Kurden gegen Türken, Sunniten gegen Aleviten, Muslime gegen Ungläubige – und Muslime gegen Juden«.[34]

Doch hier sieht man auch das Problem: Gegen Juden können sich alle Muslime zusammenschließen, da macht dann sogar der junge Kosovo-Albaner mit und der muslimische Schüler mit deutschem Pass. Denn letztlich suchen die Jugendlichen in diesem Alter entwicklungsbedingt nach Gemeinsamkeiten, und wenn diese Gemeinsamkeit eben der Hass auf Juden ist, dann muss es eben so funktionieren. Das geht auch gut, denn einen »echten« Juden kennt meistens niemand und dann kann man sich völlig unreflektiert in seinen Vorurteilen bestätigen.

Wie ungefiltert da dann politische Konflikte genutzt werden, um sich selbst zu bestärken, zeigt die Aussage des

Kosovo-Albaners in einer Diskussion über Judenfeind-lichkeit. Er sagte ganz unverblümt: »Ich hasse Juden. Das sind alles schlechte Menschen.« Als ich entgegnete, ob er sie denn schon alle kennengelernt habe, um eine solche Aussage wirklich machen zu können, antwortete er: »Ich habe doch YouTube-Videos geguckt. Da sieht man doch, was die machen. Und außerdem darf ich das sagen. In Deutschland ist doch Meinungsfreiheit.«

Zur Meinungsfreiheit kamen wir erst ein paar Stunden später, weil wir zunächst einen YouTube-Film schauten, der die Situation zwischen Israel und Palästina differen-zierter darstellt, als die von meinem Schüler favorisier-ten Filme, denn diese gibt es durchaus. Die Schüler, die ja eine ganz klare Meinung zu Juden hatten, waren sehr überrascht, dass einige Araber, die mit Juden zusammen-leben, da offensichtlich nicht in Schwarz-Weiß-Mustern von Gut und Böse denken. Dann beschäftigten wir uns mit drei arabisch-jüdischen Bürgerprojekten in Israel. Mit der 1998 gegründeten »Hand-in-Hand-Schule« einer bi-lingualen Schule in Jerusalem, die als Paradebeispiel des respektvollen Miteinanders gilt, mit Micah Hendler und dem »Jerusalem Youth Chorus«, einem Gesangsensemble für Oberstufenschüler aus West- und Ostjerusalem, und mit »Wahat al-Salam – Neve Shalom«, einer 1972 gegrün-deten Dorfgemeinschaft, in der Juden und Palästinenser gemeinsam leben. Sie teilen sich dort die Verantwortung für das öffentliche Leben und die Verwaltung.

Diese Beispiele haben die Schüler sehr überrascht und beeindruckt und es entwickelte sich eine lebhafte Diskussion, die die Lösung des Nahostkonflikts nicht im Aufrechnen des Vergangenen, sondern im friedlichen Miteinander in der Gegenwart gesehen hat.

Am Ende der Stunde meldete sich der junge Kosovo-Albaner wieder zu Wort und fragte: »Warum jagen die denn die Politiker nicht zum Teufel und wählen sich gute?« Diese Aussage bot mir Anlass zur Hoffnung, dass das Thema in dieser didaktischen Reduktion, also einer den Schülern und ihrem Lernniveau angepassten Vereinfachung, hängen bleibt.

Die Politik Israels ist nicht gleichzusetzen mit Israelis und erst recht nicht mit allen Juden, und es gibt keine Rechtfertigung dafür, Menschen aufgrund ihrer Herkunft oder ihres Glaubens zu hassen und erst recht keine, diesen Hass unter dem Deckmantel der Meinungsfreiheit öffentlich zu äußern. Im Anschluss daran folgte eine Doppelstunde über den Unterschied von Meinungen und Vorurteilen und Informationen darüber, was Volksverhetzung ist und welche historische Verantwortung wir in Deutschland den Juden gegenüber haben. Und sei es in erster Linie die Verantwortung dafür, uns ordentlich zu informieren, bevor wir unsere »Meinung« sagen.

Im Zuge dieser Arbeit ist mir klar geworden, dass uns als Lehrpersonen bewusst sein muss, dass an unseren Schulen inzwischen Kinder und Jugendliche zusammentreffen, die teilweise kulturell geprägten Antisemitismus leben, und solche, die in einer Phase, in der man Peergroups und geistige Zugehörigkeit sucht, empfänglich sind für derartige Abgrenzungen.

Laila Mirzo hatte Glück, sie lebte in einem liberalen Elternhaus. Dort arbeiteten ihre Eltern nach der Auswanderung mit ihr die Vorurteile über Juden auf und begleiteten ein Umdenken. Doch was ist in den Elternhäusern meiner Schüler die Regel? Ihr großes Interesse an diesem Thema zeigt, dass es Redebedarf gibt. Da möchten sie mehr erfahren. Sie wollen verstehen und diskutieren. Insofern sind wir Lehrer in der Pflicht, uns zu informieren, um in diesem Diskurs wegweisend sein zu können.

Doch wie findet man gute Fortbildungen und Bücher, die einen weiterbringen? Gerade im Bereich kultursensibler Fortbildungen geht die Schere weit auseinander. In einer Fortbildung wurde einer Kollegin beispielsweise geraten, Muslime in ihrer religiösen Identität zu unterstützen, denn das sei wichtig, da Muslime gerade im Moment oft den Eindruck vermittelt bekommen, dass ihre Religion in erster Linie im Zusammenhang mit Terroranschlägen und Menschenrechtsverletzungen erwähnt wird.

Dieser Ansatz des Empowerment zur Stärkung der muslimischen Identität wird in viele Fortbildungen zum kultursensiblen Umgang mit muslimischen Schülern empfohlen und das ist absolut richtig. Als Beispiel nannte der Leiter der Fortbildung allerdings eine Geschichte aus einer Schule, an der drei muslimische Schüler ein Portemonnaie auf dem Pausenhof gefunden hatten. Als sie es zur Schulleitung brachten, lobte diese ihre Ehrlichkeit. Die Schüler antworteten darauf: »Das ist doch selbstverständlich. Wir sind doch Muslime.« Dass die Schulleitung darauf erstaunt nachfragte, ob sie davon ausgingen, dass Schüler anderer Religionen das Portemonnaie behalten hätten, fand der Leiter der Fortbildung im Zuge einer angemessenen kultursensiblen Reaktion falsch. Für ihn zeigte sich darin die oftmals unbewusst ausgeübte Destabilisierung der muslimischen Identität durch Autoritätspersonen, die doch in diesem Fall auch einfach als positive Grundhaltung hätte kommuniziert werden können, um den Jugendlichen ein gutes Gefühl für ihr zweifellos positives Verhalten zu geben.

Er übersieht dabei, dass diese Bestärkung den Jugendlichen nicht nur das gute Gefühl vermittelt hätte, das Richtige getan zu haben, sondern unbewusst auch suggeriert hätte, dass auch die Schulleitung davon ausgeht, dass Muslime ehrlicher sind als beispielsweise Christen oder Juden. Wenn es nach der Fortbildungsleitung gegangen wäre, hätte sie also zu einer Trennung der Religionen beitragen sollen, statt zu betonen, dass wir alle in erster Linie Menschen sind, die sich an gewisse Werte und moralische Grundsätze halten, weil es schlicht und ergreifend richtig ist, so zu handeln. Dass sie also so gehandelt haben, weil sie gute Menschen sind, und nicht, weil sie gute Muslime sind. Was ist an dieser Botschaft so falsch? Ist es für ein positives Selbstwertgefühl weniger wichtig, ein guter Mensch zu sein als ein guter Muslim? Meine Kollegin war nach dieser Fortbildung jedenfalls irritiert.

Ein weiteres negatives Beispiel ist eine Podiumsdiskussion zum Thema »Der Nahostkonflikt an unseren Schulen«, die in der Stadtbibliothek in Kassel stattfand. Dort musste ich mir nicht nur anhören, dass in erster Linie die

Lehrer das Problem sind, weil sie oftmals überzogene Ansprüche an die Schüler stellten und selbst einfach uninformiert seien. Ich durfte auch miterleben, wie sich erwachsene Menschen ins Wort fielen, sich beschimpften und nicht bereit waren, sich die andere Position anzuhören. Weil sie die Politik Israels nicht von den Juden im Allgemeinen trennen können. Sie erwarteten von den Anwesenden, dass sie sich im Nahostkonflikt positionierten, weil es in ihren Augen eine richtige und eine falsche Seite gibt.

Doch besonders erschüttert war ich über die Aussage einer freien Journalisten, die zusammen mit einer Expertin für den Nahen Osten und einer Vertreterin der Bildungsstätte Anne Frank auf dem Podium saß und sagte, dass der Begriff des muslimischen Antisemitismus problematisch sei und dass es nicht notwendig sei, diesen gegen den nationalsozialistisch geprägten Antisemitismus abzugrenzen, weil das einfach nicht zielführend sei.

Dem möchte ich vehement widersprechen. Ich sage nicht, dass der eine oder andere Antisemitismus weniger schlimm ist, aber ich bin der Meinung, dass es für uns als Lehrer elementar wichtig ist zu wissen, auf welcher Grundlage wir eine solche Diskussion führen. Laila Mirzo schlägt einen anderen Ton an, wenn sie betont, dass jeder Antisemitismus falsch ist, es sei aber »ein Unterschied, ob er ethisch, politisch oder religiös motiviert ist. Denn nur, wenn man die Ursache für den Hass kennt, kann man gezielt dagegen vorgehen. Aufklärungskampagnen müssen auf die Zielgruppe zugeschnitten sein und da kommt es schon darauf an, ob man da bei Hitler anfangen muss oder bei Mohammed.«[35]

Das kann ich nur unterstreichen. Wir Lehrer müssen wissen, an welcher Stelle unsere Schüler abzuholen sind. Im Gespräch mit Lehrern, die an Schulen unterrichten, die in erster Linie von Schülern der Mehrheitsgesellschaft besucht werden, höre ich inzwischen vermehrt, dass sie einen neuen nationalsozialistisch geprägten Antisemitismus auf dem Vormarsch sehen. Immer mehr Schüler zeigen auf Klassenfotos aus Spaß den Hitlergruß oder malen Hakenkreuze auf Tische oder Tafeln. Auch diesen Schülern müssen wir begegnen, aber der Ausgangspunkt der Diskussion wird ein anderer sein. Darauf müssen wir vorbereitet sein. Wenn das in Fortbildungen und Diskussionsrunden verallgemeinert wird, um muslimische Schüler vermeintlich zu schützen, passiert genau das Gegenteil. Wir Lehrer sind nicht entsprechend vorbereitet und stehen in solchen Situationen handlungsunfähig da. Wir können den Schülern dann nicht das bieten, was sie so dringend brauchen: Aufklärung.

Um allerdings auch ein positives Beispiel für Fortbildungen zu nennen, sei hier eine Podiumsdiskussion zum Thema Kultursensibilität mit anschließender Fortbildung von Ahmad Mansour und Dr. Marwan Abou-Taam, einem Experten im Bereich islamistischer Terrorismus, genannt. Inhaltlich ging es um den Islam aus einer historisch-kritischen Perspektive, um ein Grundverständnis für die Ursachen der zumeist patriarchalischen Strukturen in muslimischen Gesellschaften und die damit einhergehenden psychologischen Auswirkungen auf unsere Schüler zu erhalten. Spannend war es hier zu hören, wie die beiden bekennenden Muslime die Menschenrechte und das Grundgesetz immer wieder an erste Stelle setzten und uns als Lehrer aufforderten, unseren Umgang mit den Schülern genau danach auszurichten, um ihnen ein gutes Vorbild zu sein. Zudem betonten sie die Notwendigkeit, Begegnungen zu schaffen, um Vorurteile abzubauen, und diese Begegnungen sollten eben nicht einmalige Aktionen sein, die durch Zufälle zustande kommen, sondern fest verankerte Lerninhalte.

Mein halbes Kollegium besuchte diese Fortbildung und seither denken wir darüber nach, wie wir solche Begegnungen zwischen verschiedenen Religionen ermöglichen können, aber auch hier stoßen wir an strukturelle und bildungspolitische Grenzen, denn noch nicht einmal christliche und muslimische Schüler kommen in Deutschland laut Lehrplan miteinander ins Gespräch. Und das liegt daran, dass wir, obwohl wir im Grundgesetz die Trennung von Staat und Kirche verankert haben, ebenso den christlichen Religionsunterricht dort festgeschrieben haben. Obwohl ich Religionslehrerin bin, möchte ich hier die Frage stellen, ob das noch zeitgemäß ist, denn weil ich Religionslehrerin bin, weiß ich, was geschieht, wenn Klassen für den Religionsunterricht in Ethik und Religion oder gar katholische und evangelische Religion aufgeteilt werden. Zum einen verschenkt man wertvolle Unterrichtszeit, denn sowohl Ethik als auch Religionsunterricht leben von einer offenen und vertrauensvollen Atmosphäre, in der Schüler Lust haben, sich angstfrei auszutauschen, und das tun sie sicher nicht in Lerngruppen, die lediglich für 90 Minuten in der Woche zusammenkommen.

Zum anderen verschenken wir dort die Chance, zumindest Christen, Atheisten und Muslime ins gemeinsame Gespräch zu bringen. Mit ihnen ihre Religionen kennenzulernen und Gemeinsamkeiten aufzuzeigen, aber auch über grundsätzliche Werte und Normen zu sprechen, die unsere Gesellschaft zusammenhalten, weil wir an erster Stelle Menschen sind und nicht Atheisten, Christen, Juden oder Muslime. Es gibt und gab schon Pilotversuche, um gemeinsamen Religionsunterricht in Klassen anzubieten, der sich dann »Religionen in meiner Klasse« nennt. Die Kirche ist aber strikt dagegen, solche Initiativen an Schulen, die das gerne möchten, voranzutreiben. So wurde ich jedenfalls informiert, als ich mich während einer Vokationstagung erkundigte, ob diese Möglichkeit für meine Schule bestünde.

Möglich sind alternative Konzepte allerdings, wie man an den Berliner Schulen sehen kann, die Religions- und Lebenskundeunterricht anbieten. Diese sind nach Artikel 7 Absatz 3 des Grundgesetzes freiwillige Unterrichtsfächer. »Im Gegensatz zu den meisten anderen Bundesländern, in denen Religion ein ordentliches Unterrichtsfach ist, können in Berlin die Schülerinnen und Schüler (beziehungsweise ihre Eltern) selbst entscheiden, ob oder an welchem Religionsunterricht sie teilnehmen. Anbieter des Religionsunterrichts sind die Religionsgemeinschaften. Anbieter des Lebenskundeunterrichts ist der Humanistische Verband.«[36]

Das ist ein Schritt in die richtige Richtung, doch zum einen sprechen wir auch hier von getrennten Unterrichtsfächern und zum anderen ist die Teilnahme freiwillig. Das heißt, dass nur interessierte Schüler teilnehmen und dass so ein Rahmen, in dem ein Austausch aller Schüler über gesellschaftliche Werte und Normen und verschiedene Glaubensansätze als ein fester Bestandteil des Lehrplans, wegfällt.

Auch das halte ich für keine gute Idee, denn letztlich haben die Schüler in diesem Bereich dringenden Bedarf an Aufklärung und Austausch. Insofern bleiben uns im Moment nur externe Angebote, wenn wir mit den Schülern in dieser Richtung im Klassenverband arbeiten wollen.

Hier gibt es natürlich gute Angebote für Schulen, die man buchen könnte, wenn die knapp bemessene Zeit für außerlehrplanmäßige Aktionen dies zulässt. Das heißt dann für uns als Lehrer, solche Angebote, die mitunter auch etwas kosten, zu sichten, Verantwortliche anzuschreiben, zu buchen, die Fahrt zu organisieren, Elternbriefe zu schreiben und eventuell Geld einzusammeln, um eine solche Erfahrung möglich zu machen. Lohnenswert und wichtig ist dieser Aufwand allemal.

In diesem Rahmen bietet das Zentrum des jüdischen Lebens in Kassel »Selam & Shalom« an, ein Musik-Workshop, der von Elena Padva, einer Jüdin, und Attila Günaydin, einem Aleviten, geleitet wird. Sie haben bereits mit rund 50 Schulklassen gearbeitet, indem sie mit ihnen Lieder auf Hebräisch, Jiddisch, Türkisch und Deutsch aus den jeweiligen Kulturen gesungen haben und die Schüler feststellten, dass viele Melodien in beiden Kulturen zu Hause sind.[37]

In einem Interview beschreiben sie genau denselben Effekt, den auch ich bei der Lesung mit Barbara Bišický-Ehrlich beobachten konnte: Es kommt eine Jüdin, oder in diesem Fall ein Alevit und eine Jüdin, und es gehen Menschen. Genau diese Erfahrung müssen unsere Schüler machen. Am besten nicht nur einmal.

FAZIT

Zu Beginn des Fazits sollte wohl ein Satz stehen wie: Ich möchte mit diesem Buch einen Beitrag zur derzeitigen Debatte über Integration und schulische Bildung leisten. Doch das trifft den Kern meines Anliegens nicht. Ich bin überzeugt davon, dass eine solche Debatte wichtig und notwendig ist und dass sie in der Mitte der Gesellschaft und nicht an den linken und rechten Rändern geführt werden muss, wie es im Moment bedauerlicherweise zu oft geschieht. Insofern hoffe ich natürlich, dass dieses Buch dazu beiträgt, dass mehr Menschen aus der politischen Mitte laut werden, die davon überzeugt sind, dass eine funktionierende, inklusive und diverse Gesellschaft das Ziel der Zeit sein soll und muss.

Im Bereich schulischer Bildung ist es jedoch überflüssig, darüber zu sprechen, wer wie zuwandert oder zugewandert ist.

Der Fakt, dass Zuwanderung in Deutschland seit Jahrzehnten aus den unterschiedlichsten Gründen stattfindet, hat in Schulen Tatsachen geschaffen, die konsequentes politisches Handeln und gesellschaftliches Umdenken erfordern, um Bildungschancen gerechter zu machen und Integration voranzutreiben. Insofern möchte ich dieses Fazit beginnen mit dem Satz:

Ich würde mir wünschen, dass dieses Buch dazu beiträgt, dass etwas getan wird, um die bestehenden Missstände anzugehen, denn ich bin überzeugt davon, dass wir viel zu lange geredet haben. Es ist an der Zeit zu handeln.

Es müssen allerdings mehr Lehrer in diesen Prozess einsteigen. Ich weiß, dass das eine Gratwanderung ist. Habe ich in den letzten Monaten doch des Öfteren gehört, dass es nicht besonders schlau sei, mich öffentlich in dieser Art und Weise über meine Arbeit zu äußern. Wir sind als Lehrer unserem Arbeitgeber zur Loyalität verpflichtet und dürfen weder streiken, noch wird es gerne gesehen, wenn wir in der öffentlichen Diskussion mitreden. Doch dass das im Umkehrschluss heißen soll, dass ich konstruktive Kritik nicht äußern darf, kann und will ich nicht akzeptieren. Ich bin vielmehr überzeugt davon, dass ich, wenn ich weiterhin schweige, mein Verständnis von Demokratie und der dazugehörigen Partizipation verrate, denn gerade als Vertreterin unseres Staates bin ich doch im höchsten Maße dem Demokratiegedanken verpflichtet. Insofern verhalte ich mich meinem Arbeitgeber gegenüber nicht illoyal, im Gegenteil.

Ich möchte mich aktiv für bessere und gerechtere Bildung stark machen und in diesem Zuge auf Missstände aufmerksam machen, damit Lösungen gefunden werden können. Ich bin gerne und mit großer Leidenschaft Lehrerin und überzeugt davon, dass die staatliche Schulbildung eine großartige Einrichtung ist. Und doch unterliegt und unterlag sie schon immer einem Wandel, der mit der sich verändernden Gesellschaft zusammenhängt. Wenn wir als Fachpersonal unsere Expertise nicht in diesen Prozess einbringen können, werden die Veränderungen, die aufgrund der aktuellen Bildungssituation notwendig sind, mit großer Wahrscheinlichkeit an den Bedürfnissen vieler Schüler vorbeigehen, und das kann uns weder als Lehrer noch als Gemeinschaft egal sein, denn wir brauchen diese Kinder als zukünftige Stützen der Gesellschaft.

Insofern fordere ich als Erstes, dass wir Lehrer mehr Gehör finden. Wir brauchen den gesellschaftlichen Rückhalt und das Vertrauen in unsere Expertise, um auch für die Schüler sprechen zu können, deren Eltern dies im Moment (noch) nicht tun. Geschieht dies nicht, wird Bildungspolitik von Eliten gemacht und die derzeitigen Reformen entwickeln sich an den Bedürfnissen einer ganzen Generation von Kindern vorbei, die dadurch abgehängt wird.

Daraus ergibt sich die zweite Forderung, denn wenn unsere Erfahrung und unser Fachwissen in dem Maße berücksichtigt werden, dass Schulen mehr Entscheidungsspielraum zugestanden wird, könnten sie individuell auf ihre Bedürfnisse zugeschnittene Konzepte umsetzen und es eröffnen sich neue Möglichkeiten, um Integration voranzutreiben. So könnten dann Schulen, die viele Schüler mit Migrationshintergrund unterrichten und/oder mit vielen Seiteneinsteigern arbeiten, entscheiden, statt deutschem Fachunterricht Deutsch als Zweitsprache zu unterrichten oder zwei verschiedene Deutschkurse für unterschiedliche Kompetenzniveaus ihrer Schüler anbieten. Dann könnte auch eine B2- oder C1-Sprachprüfung angeboten werden statt einer normalen Deutsch-Abschlussprüfung für Haupt- oder Realschulniveau, um Schülern nichtdeutscher Herkunftssprache eine ihrem Kompetenzniveau entsprechende Prüfung zu ermöglichen und sie somit nicht weiter zu demotivieren, sondern zu stärken. Auch eine dringend notwendige Entbürokratisierung könnte in diesem Rahmen stattfinden, wenn Lehrpersonen wieder mehr Entscheidungsfreiheit darüber gegeben wird, was und wie die Bildungskarrieren ihrer Schüler dokumentiert werden.

Drittens brauchen wir eine engere Verzahnung von Schule und sozialen Einrichtungen, die uns bei unserem Erziehungsauftrag unterstützen, damit wir uns wieder vermehrt um Bildung kümmern können. Das können zusätzliche Sozialarbeiter sein, die Schulen durch außerlehrplanmäßige Angebote zu Lebensorten für unsere Schüler machen, in denen Begegnung und Partizipation möglich ist. Aber auch Dolmetscher sind unbedingt nötig, die uns bei der Elternarbeit unterstützen, denn ohne die Eltern geht es nicht. Sie müssen verstehen, welche Einflüsse das Grundgesetz und die Menschenrechte auf ihr Familienleben haben.

Insofern brauchen wir zusätzlich zu den schulischen Angeboten Beratung, Betreuung und Integrationskurse, die speziell auf Kindererziehung abzielen, und diese müssen von unterschiedlichen Institutionen angeboten werden und breit gefächert sein, um möglichst viele Eltern zu erreichen. Menschen, die nach Deutschland kommen, aber auch solche, die hier schon lange leben und sich in

Parallelwelten zurückgezogen haben, müssen die Möglichkeit bekommen, eine Kultur, deren Grundpfeiler die Menschrechte und der Demokratiegedanke sind und die davon lebt, dass Religionsfreiheit durch die Trennung von Staat und Kirche ermöglicht wird, zu begreifen. Nur so können sie sich der erforderlichen Anpassungsleistung, die sie erbringen müssen, bewusst werden. Dann kann ein Grundstein für eine diverse Gesellschaft gelegt werden, in der sich jeder angenommen und gesehen fühlt und wir zunehmende Chancengleichheit erreichen.

Eine vierte Forderung ist die konsequente Einführung von integrierten Gesamtschulen, die die Auflösung der bestehenden Unterstufengymnasien zur Folge hätte. Nur dann können alle Kinder bis zur zehnten bzw. neunten Klasse gemeinsam unterrichtet werden und das im besten Fall auf der Basis einer guten Durchmischung von Kindern der Mehrheitsgesellschaft und Kindern jeglicher sozialen, kulturellen und körperlich oder geistig beeinträchtigten Minderheiten. Das ist im Grunde genommen auch die einzige Möglichkeit, die von der EU geforderten Richtlinien zur Inklusion zu erfüllen. Ich verstehe nicht, warum diese Umstrukturierung nicht schon längst in Angriff genommen wurde.

Fünftens sollte die Säkularisierung an Schulen in all ihrer Konsequenz durchgesetzt werden, indem der konfessionsgebundene Religionsunterricht abgeschafft wird zugunsten eines Faches, in dem Schüler aus allen Religionen und auch Atheisten miteinander ins Gespräch kommen. Wir brauchen diesen Austausch zwischen den Schülern, der von uns als Lehrpersonen unterstützt wird. Nur so können wir verhindern, dass die Unwissenheit über die jeweils andere Religion zu Vorurteilen und in letzter Konsequenz zur Radikalisierung von Jugendlichen führt.

Sechstens muss der Staat sich klarer positionieren, wenn es um die Einhaltung der Menschenrechte in unserem Land geht. Insofern sollte die Gleichberechtigung von Mädchen und Jungen von staatlicher Seite gefördert werden, so, wie es das Grundgesetz verlangt. Ein erster Schritt wäre ein Kopftuchverbot in Schulen als staatlichen Gebäuden, das bis zur zehnten Klasse besteht. So könnte Mädchen zumindest in diesem Bereich des öffentlichen Lebens die Möglichkeit gegeben werden, sich freier zu entwickeln und zu einer selbstbestimmteren Entscheidung darüber, ob sie ein Kopftuch tragen wollen oder nicht, finden.

Gleichberechtigung von Mädchen und Jungen muss von staatlicher Seite geschützt werden, damit wir als Lehrpersonen gegenüber den Eltern eine klare Haltung einnehmen können, wenn es um die Teilnahme an Klassenfahrten oder auch am Schwimmunterricht geht. Insofern muss schon in Integrationskursen vermittelt werden, dass Klassenfahrten und Sportunterricht für beide Geschlechter Teil der Schulausbildung in Deutschland sind, damit Eltern schon bei Anmeldung an einer deutschen Schule klar ist, dass diese Unterrichtsinhalte keine Option sind, sondern Pflichtveranstaltungen.

Wenn wir nicht mutiger und klarer werden und diese Kinder vonseiten der Politik und der Behörden unterstützen, wird es in großen Teilen der Gesellschaft dazu führen, dass Menschenrechtsverletzungen an der Tagesordnung sind, und zwar nicht nur im Bereich der Gleichberechtigung zwischen Mann und Frau. Auch das Recht auf körperliche Unversehrtheit steht auf dem Spiel, wenn wir Kinder, und in den meisten Fällen Mädchen, von behördlicher Seite nicht besser schützen. Dann bleiben diese Kinder hinter ihrem eigentlichen Potenzial zurück und die soziale Schere geht weiter auseinander.

Eine siebte und letzte Forderung bezieht sich auf einen weiteren Wirkungsbereich der Politik, die im Bereich der Wohngebiete dringend eine soziale Durchmischung mutiger und planvoller durchsetzen muss, um die voranschreitende Ghettoisierung aufzuhalten. Hier wird der Grundstein für echte Integration gelegt. Auf die soziale Mischung in den Einzugsgebieten haben Schulen keinerlei Einfluss – sie müssen aber die Konsequenzen ausbaden, die sich letztlich in all ihrer Härte auf die Schüler auswirken.

Dass all diese Forderungen Geld kosten, weil sie ohne Umbaumaßnahmen, ohne materielle und personelle Aufstockung nicht umgesetzt werden können, ist mir durchaus bewusst. Das kann aber kein Grund sein, in einem reichen Land wie Deutschland die erforderlichen Maßnahmen nicht umzusetzen.

Ebenso ist mir klar, dass nicht nur die Kirche und konservative Vertreter des Islam, sondern auch Eltern der Mehrheitsgesellschaft viele dieser Forderungen für einen Eingriff in ihre Verantwortungsgebiete halten und somit vehement dagegen protestieren werden. Es muss aber auch klar sein, dass dieser Protest aus der Angst heraus geschieht, an der ein oder anderen Stelle Einfluss zu verlieren. Insofern rührt diese Kritik aus der Angst heraus, Macht zu verlieren, und wir sollten uns fragen, ob es richtig ist, dass Kirche, Islamvertreter und Eltern überhaupt in diesem Maße auf das staatliche Schulsystem einwirken können. Sollte dieses nicht eher von Fachpersonal gestaltet werden, das das Wohl aller Schüler im Blick hat, und von den Gesetzen unseres Landes, die dem Integrations- und Inklusionsgedanken ebenso verpflichtet sind wie der Einhaltung der Menschenrechte und des Grundgesetzes?

Insofern ende ich mit einem Zitat von Goethe:

» Wer Großes will, muss sich zusammenraffen;
In der Beschränkung zeigt sich erst der Meister,
Und das Gesetz nur kann uns Freiheit geben.«

Ich plädiere dafür, unsere Gesetze zu nutzen, um das Schulwesen dahingehend zu verändern, dass es die größtmögliche Freiheit und Chancen für jeden einzelnen Schüler gewährleistet und gleichzeitig die Grenzen aller respektiert. Damit Integration gelingt, müssen sich beide Seiten aus ihrer Komfortzone bewegen: Die Menschen mit Migrationshintergrund und die der Mehrheitsgesellschaft. Es ist noch ein weiter Weg, aber es ist möglich, wenn wir mutig und ohne falsch verstandene Toleranz voranschreiten. Davon bin ich überzeugt.

LITERATUR

Ateş, Seyran: Der Multikulti-Irrtum. Ullstein 2007.

Haskala, Magazin aus dem Sarah Nussbaum Zentrum Kassel, Wenn wir gehen, sind wir Menschen, Ausgabe 1, 2019.

Malik, Kenan: Das Unbehagen in den Kulturen. Edition Novo 2017.

Mansour, Ahmad: Generation Allah. Fischer 2017.

Mansour, Ahmad: Klartext zur Integration. Fischer 2018.

Mirzo, Laila: Nur ein schlechter Muslim ist ein guter Muslim. Über die Unvereinbarkeit des Islam mit unserer Kultur. Riva 2018.

Pauen, Sabina (Hrsg.): Entwicklungspsychologie im Kindes- und Jugendalter. Springer 2014.

Plath, Maike: Biografisches Theater in der Schule. Beltz 2009.

Ramadani, Zana: Die verschleierte Gefahr. Die Macht der muslimischen Mütter und der Toleranzwahn der Deutschen. Europaverlag 2017.

Rösner, Ernst: Hauptschule am Ende. Ein Nachruf. Waxmann Verlag 2007.

LINKS

www.spiegel.de/sport/fussball/lukas-podolski-zu-kartoffel-kanaken-bericht-rassismus-gab-es-nicht-a-1225243.html

www.welt.de/politik/deutschland/article171272862/Fast-jeder-fuenfte-Viertklaessler-kann-kaum-lesen.html

www.lehrer-online.de/artikel/fa/lesen-durch-schreiben-eine-methode-von-juergen-reichen/

www.deutsche-islam-konferenz.de/DIK/DE/Magazin/IslamBildung/BildungMLD/bildung-mld-node.html

www.europaeischer-referenzrahmen.de/sprachniveau.php

www.bpb.de/politik/grundfragen/politik-einfach-fuer-alle/236616/die-grundrechte

www.spiegel.de/politik/deutschland/heiko-maas-will-holocaust-in-integrationskursen-abfragen-lassen-a-1183363.html

www.dipf.de/de/forschung/aktuelle-projekte/pdf/biqua/desi-zentrale-befunde

https://www.focus.de/perspektiven/14-laender-14-reporter/14-laender-14-reporter-finnland-positive-diskriminierung-wie-der-finnische-nanny-staat-migrantenkinder-foerdert_id_10053921.html

www.humanistisch.de/sites/humanistisch.de/files/humanistischer-verband-berlin-brandenburg/docs/2017/06/ramadan-und-schule_neukoellner-empfehlung.pdf

www.berlin.de/sen/kulteu/religion-und-weltanschauung/religions-und-lebenskundeunterricht/artikel.21588.php

www.frauenrechte.de/online/themen-und-aktionen/weibliche-genitalverstuemmelung2

www.frauenrechte.de/online/images/downloads/fgm/PositionTerminologie.pdf

DANK

Ich danke meinen Freundinnen Nathalie Bonnet, Patricia Dinsch, Nadine Limmroth und Ines Mooshage für ihre tatkräftige Unterstützung. Ohne ihre Geduld, ihr Fachwissen und ihre Erfahrung gäbe es dieses Buch nicht.

ÜBER DIE AUTORIN

Julia Wöllenstein, Lehrerin für evangelische Religion, Englisch und Darstellendes Spiel sowie ausgebildete Sozial- und Theaterpädagogin unterrichtet an einer Gesamtschule in Hessen mit kulturellem Schwerpunkt und hat einen Lehrauftrag für ästhetische Bildung an der Universität Kassel. Sie setzt sich dafür ein, Schülern aus bildungsfernen Elternhäusern und Schülern mit Migrationshintergrund mehr gesellschaftlichen Rückhalt zu geben, und beschäftigt sich mit der Frage, wie Integration in Schulen gelingen kann.

ANMERKUNGEN

1 www.bpb.de/politik/grundfragen/politik-einfach-fuer-alle/236616/die-grundrechte

2 Rösner, Erich: Hauptschule am Ende. Ein Nachruf. Waxmann Verlag 2007, S.133.

3 Rösner, Erich: Hauptschule am Ende. S. 121.

4 www.dipf.de/de/forschung/aktuelle-projekte/pdf/biqua/desi-zentrale-befunde

5 www.dipf.de/de/forschung/aktuelle-projekte/pdf/biqua/desi-zentrale-befunde

6 www.focus.de/perspektiven/14-laender-14-reporter/14-laender-14-reporter-finnland-positive-diskriminierung-wie-der-finnische-nanny-staat-migrantenkinder-foerdert_id_10053921.html

7 Vgl. Mansour, Ahmad:: Generation Allah. Fischer 2017, S. 105.

8 Vgl. Ateş, Seyran: Der Multikulti-Irrtum. Ullstein 2007, S. 72 f.

9 Vgl. ebd., S. 73.

10 Vgl. Ramadani, Zana: Die verschleierte Gefahr. Die Macht der muslimischen Mütter und der Toleranzwahn der Deutschen. Europaverlag 2017, S. 58.

11 Vgl. zu den hier verwendeten Informationen: www.frauenrechte.de/online/themen-und-aktionen/weibliche-genitalverstuemmelung2

12 www.frauenrechte.de/online/images/downloads/fgm/PositionTerminologie.pdf

13 Ebd., S. 59 f.

14 www.deutsche-islam-konferenz.de/DIK/DE/Magazin/IslamBildung/BildungMLD/bildung-mld-node.html

15 Vgl. https://humanistisch.de/sites/humanistisch.de/files/humanistischer-verband-berlin-brandenburg/docs/2017/06/ramadan-und-schule_neukoellner-empfehlung.pdf

16 Ateş, Seyran: Der Multikulti-Irrtum, S. 108.

17 Malik, Kenan: Das Unbehagen in den Kulturen. Edition Novo 2017, S. 50 f.

18 Vgl. Mansour, Ahmad: Klartext zur Integration. Fischer 2018, S. 176.

19 Vgl. ebd., S. 62.

20 Vgl. Ateş, Seyran: Der Multikulti-Irrtum, S. 121.

21 www.europaeischer-referenzrahmen.de/sprachniveau.php

22 www.welt.de/politik/deutschland/article171272862/Fast-jeder-fuenfte-Viertklaessler-kann-kaum-lesen.html

23 www.lehrer-online.de/artikel/fa/lesen-durch-schreiben-eine-methode-von-juergen-reichen/

24 www.spiegel.de/sport/fussball/lukas-podolski-zu-kartoffel-kanaken-bericht-rassismus-gab-es-nicht-a-1225243.html

25 Vgl. Plath, Maike: Biografisches Theater in der Schule. Beltz 2009, S. 13.

26 In Hamburg wird das Fach Theater schon ab Klasse fünf angeboten und ist fest im Lehrplan verankert. In Bayern gibt es die Möglichkeit, sogenannte Theaterklassen zur Profilbildung an einer Schule einzurichten.

27 Vgl. Maike, Plath: Biografisches Theater in der Schule, S. 22.

28 Mirzo, Laila, Nur ein schlechter Muslim ist ein guter Muslim. Über die Unvereinbarkeit des Islam mit unserer Kultur. Riva 2018, S. 98 f.

29 Vgl. ebd., S. 100.

30 Manea, Elham: Ich will nicht länger schweigen. Der Islam, der Westen und die Menschenrechte. Herder 2009, S. 76.

31 Vgl. ebd., S. 78.

32 Vgl. Mirzo, Laila: Nur ein schlechter Muslim ist ein guter Muslim, S. 107.

33 www.spiegel.de/politik/deutschland/heiko-maas-will-holocaust-in-integrationskursen-abfragen-lassen-a-1183363.html

34 Mansour, Ahmad: Klartext zur Integration, S. 246.

35 Mirzo, Laila: Nur ein schlechter Muslim ist ein guter Muslim, S. 105.

36 www.berlin.de/sen/kulteu/religion-und-weltanschauung/religions-und-lebenskundeunterricht/artikel.21588.php

37 Haskala, Magazin aus dem Sarah Nussbaum Zentrum Kassel, Wenn wir gehen, sind wir Menschen, Ausgabe 1, 2019, S. 4 f.

Thomas Böhm

»NEIN, DU GEHST JETZT NICHT AUFS KLO!«

WAS LEHRER DÜRFEN

Der Experte für Schulrecht hilft bei allen kniffligen Lehrerfragen

mvgverlag

Auch als E-Book erhältlich

192 Seiten
12,99 € (D) | 13,40 € (A)
ISBN 978-3-86882-836-8

Thomas Böhm

Nein, du gehst jetzt nicht aufs Klo! - Was Lehrer dürfen

Der Experte für Schulrecht hilft bei allen kniffligen Lehrerfrage

„Wer einen Schüler anfasst, steht mit einem Bein im Gefängnis." „Lehrer dürfen Schüler nicht anschreien." „Das Elternrecht steht über allem." Vorurteile und Mythen bestimmen die Vorstellung vieler Eltern und Schüler darüber, was Lehrer dürfen und was nicht. Dabei ist Pädagogen weit mehr erlaubt, als sie selbst vermuten.

Dr. Thomas Böhm, Experte für Schulrecht, geht den häufigsten Lehrerfragen aus dem Schulalltag nach: Darf man Schüler vom Unterricht ausschließen? Darf man ihnen das Smartphone wegnehmen? Darf der Lehrer die Schultaschen kontrollieren?

Anschaulich erläutert der Autor die von Gerichten entwickelten und die gesetzlich garantierten, bundesweit geltenden Grundlagen des Rechts in der Schule. Mit zahlreichen Beispielen und wichtigen Informationen zur Rechtslage – rechtzeitig zum Start ins neue Schuljahr.

mvgverlag